# キャプテン！

## 日本のスポーツ界を変えた男の全仕事

川淵三郎

## 「キャプテン」とは？

2002年JFA会長に就任した際、メディア、関係者から呼び名を募集。多くの候補から早河洋（テレビ朝日）、二宮清純（スポーツジャーナリスト）、竹内達朗（報知新聞）、増島みどりが投票した「キャプテン」を、親しみやすい愛称として採用した。

# はじめに

今回は、日本サッカー協会（ＪＦＡ）の会長として組織をどう変革したかを中心に書かせていただきました。多分、私にとって最後の著作になると思います。

本書をまとめるにあたり、ご尽力いただいた増島みどりさん、そして発行を引き受けてくださったベースボール・マガジン社の松井進作さんに心から御礼申し上げます。

増島さんとは30年来のお付き合いで、そもそもＪＦＡの「会長」に代わる親しめる愛称がないかを周辺のマスメディアに募集したときに、「キャプテン」を提案された中のお一人です。

本書上梓にあたって私にゆかりのある多くの関係者の皆さんにインタビューしてくださり、その方々の思いを知ることができたのは思いがけないことで、私にとって実に感慨深いものでした。読者の皆さんも私自身の話より、関係者の「あの時の言葉」の方を興味深く読んでいただけるのではないかと思います。

本書をお読みいただいた皆さまに心から御礼申し上げます。

２０２３年６月　川淵三郎

CONTENTS

# 第2章 スポーツ界、日本社会を変えたJリーグの革命

# 第3章 日本でもっとも注目される集団・日本代表を作る

# 第4章 「キャプテン」として臨んだ協会改革

# 第5章　2つ目のプロリーグを誕生させ、2度目のチェアマンに

# 第6章　見えないキャプテンマークと生きる

企画・構成／増島みどり（スポーツライター）

協力／公益財団法人日本サッカー協会（JFA）
公益財団法人日本バスケットボール協会（JBA）
公益社団法人日本プロサッカーリーグ（Jリーグ）
ジャパン・プロフェッショナル・バスケットボールリーグ（Bリーグ）

SPECIAL THANKS
阿部美代子／池田正利／石氏陽三／インゴ・ヴァイス／岡田武史／小川謙二
奥寺康彦／北畑隆生／久米愛／小山純子／境田正樹／佐々木一樹／島田慎二
清水美香／髙田真希／竹内達朗／竹田陽子／田畑豊範／田臥勇太／都並敏史
手嶋秀人／三屋裕子／宮本ともみ／村井満／村田愃／森保一
JFA／飯塚玉緒／藤ノ木恵

カバー写真／阿部卓功
写真／ベースボール・マガジン社
AFLO
J. LEAGUE

取材協力／ホテルオークラ東京

編集／ベースボール・マガジン社 出版部
装丁・デザイン／浅原拓也

特別対談

［2023WBC日本代表監督］

# 栗山英樹

# W杯とWBCが見せた
# シン・スポーツの力

WBC優勝から、サッカーW杯、
Jリーグ、Bリーグまで、
スポーツと共に生きる2人が、
熱く、たっぷりと語り合った。

（2023年4月22日都内ホテルにて）

進行・構成＝増島みどり

# 川淵三郎

## 「1ミリ」でつながった2つの代表に感動

**川淵**　お目にかかれて本当に嬉しく思います。もう伺いたいことがいっぱいで、楽しみで、ワクワクしながらここに来ました。

**栗山**　僕も伺いたいお話がたくさんあります。でも、ちょっと緊張しています。

**川淵**　栗山さんは、Jリーグを立ち上げた当時、取材にも来て下さってお目にかかっていますね。

**栗山**　ヤクルトで現役を引退し、テレビのスポーツキャスターをしていた1993年、Jリーグが始まった年ですから、まさに30年前、当時の川淵チェアマンを訪ねてお話を伺ったのが最初だったと思います。5月15日の開幕の日、実は国立競技場のスタンドで観戦させてもらっていました。スタンド中に、大きなフラッグや横断幕がはためいて、サポーターの皆さんとフラッグを動かしながら、あぁ、日本のスポーツがここから変わるんだ、と、もの凄く気持ちが高まったのを覚えています。

ただ、キャプテンすみません！　正直に言って、自分が生きている時代に、野球とサッカーがこんな風に逆転しちゃうなんて思ってもみませんでした。当時は、野球だってまだ人気がありましたし、競技人口は多かったんです。ただ、今の子どもたちは明らかにサッカーに興味があるでしょうし、実際に人気のスポーツでもサッカーが野球を上回るケースも多くあります。この30年でのサッカーの進歩に、野球もちゃんと頑張らないと、どうしたらいいんだろう、と危機感はとても強く持っているんです。

**川淵**　逆転なんて状況ではないでしょう。野球がこれほどまでにスポーツファンを楽しませて、日本中を盛り上げてくれたんですから。

先ず伺いたいのは3月に行われたWBCについてなんです。栗山さんが、大会前のインタビューで、今回は7戦全てに勝ってこそ、国民を勇気付けられるんだ、とおっしゃっていましたね。それはもう大変な覚悟でしょう。サッカーもドイツ、スペインと、名だたる強豪国、W杯優勝経験国に勝って国中が沸き上がりました。サッカーは、あぁした優勝国と戦いながら、先ずはグループリーグを突破しなければならないので、W杯優勝といった大目標を立てなくても今回は本当に立派な成績でした。野球は、栗山さんが言うように優勝しないと国民が納得しないところがある。

東京オリンピックでは選手村の村長を仰せつかったんですが、コロナ禍で緊急事態宣言も出るなかでしたから、国を背負って競技に臨んでくれる代表選手たちが、心からの応援を感じづらいというか、何か、スポーツが、ないがしろにされているような雰囲気の中で4年に1度のオリンピックが行われました。それは、とても残念でした。

コロナ禍も昨年から少し回復して、サッカーが先ず、あれだけ頑張って、「スポーツの力」というエネルギーがどれほど大きいものかを改めて確認できた。次は、さぁWBCだぞ、となりましたよね。ですから、サッカーで味わったように、日本代表選手たちを、国民みんなでもう1回応援するんだ、という高揚感や楽しさを消したくなかったんですね。

**栗山**　川淵さんにWBCについてこうして熱く話していただけるなんて嬉しいです。

**川淵**　いやもう、テレビに釘付けでしたよ。僕は、代表選手たちをみんなで応援できるのも、コロナ禍を乗り越えた、とても大きな喜びだと手応えを感じました。この思いを何とかサッカーのいい流れから繋げたいと考えていました。とにかく準決勝のメキシコだけには負けないでくれと。決勝に行って、アメリカに負けても、今回はメジャーリーガーも合流していたし、国内も素晴らしい選手たちが揃っていたんですから、何も、とがめられるものではない。とにかく決勝さえ行ってくれれば……頼む、負けてくれるなよって強く思いました。

頼む、勝ってくれよ、じゃなくて、負けてくれるな！　なんて、あんな切実な思いでスポーツを観たのは初めてだと思います。負けてくれるな！と祈りながら。反対に決勝はすごくリラックスして見てられたんですが、準決勝が本当にしんどかったですね。ドラマティックでね。なかなか結果が出なかった村上宗隆を栗山さんは信じて使い続けているんだから、村上を信じよう、とか、やっぱり選手の気持ちというか、僕はつい熱くなってしまいすみません。

**栗山**　いえ、こんなにも色々な要素を考えてWBCを見て下さったんだと分かって、それに感激していました。でも日本代表という集団に関しては、僕自身本当に初めての経験でしたし、選手としても、監督としても日本代表が分からないのに、どうやって選手や、観て下さっている人に、日本を背負うんだ、プライドを持とう、などと伝えられるんだろうか、言葉だけにならないか、実はとても不安でした。

どういうものかが分からなかった手探りの中で、森保（一、サッカー日本代表）監督にお会いできて、森保さんは、選手としても監督としても、国を背負う戦いをもう長く経験している方だったので伺ってみたんです。森保さんは、国歌を聞いて、日の丸が上がっていくのを選手と一緒にグラウンドレベルで経験したらもう大丈夫、絶対に、そういう気持ちが分かりますから、と言って下さったんです。それは本当に大きな支えでしたし、実際にその感覚は分かりました。

**川淵**　そうでしたか。森保監督も腹が据わっていますからね。

**栗山**　今回W杯からWBCの開催が近くて、我々もサッカーに、代表とは、国を背負うとは、最後まで諦めない試合とは、と、多くを教えてもらいましたし、サッカーの選手たちが、今回のWBCについて、たくさん発信してくれましたよね。そういういい流れは、川淵さんがおっしゃったように強く感じました。嬉しかったですし、大きな力になりましたね。

**川淵**　そうですね。サッカーが優勝はできなくても、勝てないと思われた強豪国を倒して国があれだけ沸き立ったわけですし、今度は野球が絶対頑張るんだ、サッカーに負けてたまるかという気持ちが、選手に芽生えないわけがない。W杯の熱が、今回のWBCをも勇気付けてくれたとは思いますよね。

**栗山**　「三笘[*1]の1ミリ」の勇気は、今回のチームにも間違いなく力になりました。メキシコ戦のチャレンジで判定を覆した源田（壮亮）のタッチは、ファンに「源田の1ミリ」と言われ、同じプロスポーツとして、同じ代表として、とても嬉しい反響でしたね。

**川淵**　WBCの大会プログラムにあった栗山さん

＊1…W杯カタール大会のスペイン戦で、三笘薫がゴールライン残り1.88ミリでパスを送ったプレー。これが決勝点につながった

のインタビューを読んでいて面白いなと感じたのは、打撃を個人個人で考えるんじゃなくて、４人くらいの塊として考えていると答えていて、この発想は面白いなと思いました。こういう監督っていなかったように思いました。どんなイメージなんですか。

**栗山**　絶対に勝たなければ、という時は、個人の好不調の問題じゃないと思っていたんですね。僕が信頼しているバッターが４、５人いたとして、これを塊として最初から繋げてもいいですし、真ん中や、少し後半の方に入れてもいいかもしれません。その並べ方さえ間違わなければ、どこかで必ず点は取れると思っていましたんで。皆さんは、打順を気にするんですけど、大事なのは打線です。順番より、繋がりの方を大事に考えていましたね。

**川淵**　別に４番中心でなくても、６、７、８番のグループが流れの中で得点を取れればいいと？

**栗山**　そうです。その流れさえしっかりしていれば、チームの打率は変な方向にはいかないだろうなと読んでいました。野球って、なぜ「打線」というように「線」なのかを、ずっと考えていたのです。

**川淵**　栗山さんは三原脩さん[*2]に心酔していて、「三原ノート」を、中西太さん[*3]のところまで行って読ませてもらったと、テレビ番組で拝見しました。三原さんのどういうところに一番魅かれていたんでしょう。初めに三原さんの戦い方や、精神性を知りたいと思ったのは何がきっかけだったのですか？

**栗山**　その昔、三原マジックっていう言葉がありました。みんなが困っている時にチームを勝たせ

＊２…みはら・おさむ（1911-1984）。西鉄、大洋など５球団の監督を歴任。26年にわたり3248試合（歴代１位）で指揮を執った。リーグ優勝６回、日本一４回

＊３…なかにし・ふとし（1933-2023）。西鉄の黄金期を支えた強打者。本塁打王５回、首位打者２回、打点王３回。引退後は西鉄、日本ハム、阪神で監督も務めた

## 「選手には、もう好きに楽しんでくれ！　お前たちの力を十分引き出してプレーしてくれ、と言ってきました」（栗山）

る形があるのかもしれないと興味を持ったんです。たまたま、中西さんのおかげで当時のノートを見せて頂いて、実際には、マジックとは全く正反対の、本当にきめ細かくいろんなデータがびっちりと書かれていたんですよ。こんなに論理的なんだ、と感激し、そこから生まれる戦術だからこそ、みんなが想像もしなかったマジックになるんだなと、理解しました。だから先輩たちが遺してくれた野球はとても勉強になる。

ノートには、それまで誰もやらなかった三原さんの作戦も書かれているんですけれど、今回も勝たなければいけない戦いでしたので、絶対に最後まで諦めてはいけないし、絶対に何か方法があるんじゃないか、三原さんのノートの中に答えがあるんじゃないかと思い、ずっと探していたんです。

**川淵**　三原さんはとても綺麗な字で、几帳面ですよね。三原さんのイメージとは違う。達筆ですしね。

**栗山**　はい、初めて実物を拝見した時は僕もびっくりしました。

**川淵**　三原さんの娘さん（敏子さん）が、中西さんの奥様でしょう？　本当に素敵な方でしたから、中西さんが羨ましいなぁ、サッカーより、やっぱり野球か、と思ったんですよ、僕が二十歳の頃でした。世界中に、色々なスポーツがあって、様々な立場の監督がいます。でも、チームのために何が大事なのかじゃなくて「選手のために何が大事かを考える」と言い切る監督は、僕が知る限り、栗山さんが初めてだと思います。そのベース、そういった発想は、サッカーはもちろん、他にはない独特な考えで、それはどこから出てきたんでしょう。

**栗山**　そういう風に言って下さって嬉しいのですが、僕は、実績も何もないなかで監督をやらせてもらって、しかも日本代表ですから、それほどの手腕は……。

**川淵**　いや、実績がないなんてことは全くない。日本ハムで、それはもう監督になる時から、日本ハムの社長やGM、決定権のある上層部は、ちゃんと栗山さんの実力を見抜く目があったんで優勝もされたし、し烈な競争を生き残ったプロ選手でもあったんですから、何の実績もないというのは当たっていませんね。

**栗山**　野球ってチームで勝負はしているんですけれど、最後は、個々で勝負する場面が多いスポーツです。選手の持っている、いいところを引き出して、それをうまく使わせてもらって勝つのが野球だと思っています。だから選手には、チームの勝敗はこっちが考えるから、もう好きに楽しんでくれ！　お前たちの力を十分引き出してプレーしてくれ、と言ってきました。それに、みんな一流選手なので、チームのために献身的にプレーする

## 「自分の力を引き出して楽しめ、というメッセージが選手に与えるインパクトはもの凄く大きいですね」（川淵）

のは分かっていました。その気持ちを大事にし、お互いが分かり合うというか、とにかく、お前は自分自身を最大限生かせよ、と僕は思っていただけなんです。

**川淵** 自分の力を引き出して楽しめ、というメッセージが選手に与える影響、インパクトはもの凄く大きいですね。そういう意味では栗山さんって面白い人だなって思ったのは、スピードのある選手はスピードを生かした盗塁をやればいいけれど、たとえスピードのない選手でも、頭を使えば、ちゃんと盗塁できるんだ、と、決めつけて指導していないんです。これもプログラムのインタビューで読んでいてものすごく理解できる。

選手はもっと頑張らなくちゃって気になりますし、選手たちへのアプローチは他の監督とは全く違いますね。それは恐らく、計算して言っているんじゃなくて、野球に対する本心から出ている言葉だからこそ、選手にもちゃんと伝わっていたし、結果的にチームワークに繋がっていったんだな、と、そう思っていました。

**栗山** そう言っていただけると、嬉しいです。本当に、代表選手はみんな一流なので、僕以上に、試合の勝ち方を知っています。中途半端な話をしても絶対に伝わらない。こちらの精神状態なんて彼らにはすぐにバレるので、本心しか伝わらないと思っていました。だから何も隠すことなく、分からないものは分からない、と選手にも言いましたし、反対に、俺はこうしたいんだ、とはっきりと言いました。本心で伝えていたのは間違いないです。

**川淵** それがチームとしてまとまった大きな要因ですし、ダルビッシュ有の存在もありましたね。

結局そういう監督の思いや気持ちがあって、ここまで一致団結し、勝利に向かって突き進んでいった。メジャーリーグも大好きだから、とにかく全て見ているんですが、ダルビッシュには、ＷＢＣ前は、どちらかといえば、独立独歩のイメージがあったんです。それが栗山さんという「要」があったからでしょう、日本代表のキャンプ初日から参加しましたよね。監督にも、チームにもどれだけ大きかったことか。

**栗山**　本当に。とてつもなく大きかったですね。ダルには合宿に来るときから、勝つのは大事なんだけれど、日本の野球界に、今、ダルがやっているトレーニング方法であったり、食事やコンディショニング、多彩な変化球の投げ方をも伝えてくれと頼みました。彼は、その意図を深く理解してくれて、チームを勝たせるための行動を一貫してやり切ってくれました。本当に感謝しかないですね。

若い選手たちに、ダルに聞きに行きなさい、と言ってもなかなか行けません。だからダルの方から、垣根を越えて若手に聞いてくれたんです。スライダーはどうやって投げているの？　とか、握りは？　とか。その姿勢を最初から最後まで通してくれたので、彼のおかげでチームがひとつになったのは間違いないですね。

佐々木朗希は、普段からあまり話す選手じゃないんですが、僕のところに来て、ダルビッシュさん、凄くいい人なんです、何でも教えてくれるんですって、嬉しそうに言う。分かっているよ、と思いながらも、日頃は無口な朗希までそうやってオープンにダルとコミュニケーションを取って喜ぶ姿が、僕も嬉しかったですし、そうだよな！

って返事をしました。まぁ、相当にお金も使ってくれたはずです。

**川淵**　優勝のためなら高くはないなぁ。

**栗山**　ハハハ、そうですね。サッカーの代表がどうなのかあまり分からないですが、野球は、今回のような一発勝負に合わせて集まるので、普段の合宿などの交流はあまりないんですね。ですから、食事会もするんですが、僕は一度も選手の会には参加しませんでした。そのあたりも全部ダルがやってくれていた。アメリカのラウンドに行く際にも、時差への対応など、さすがだな、と思う知識でチームに安心感をもたらしてくれました。

## 求心力を高めた「非カリスマ」のアプローチ

**川淵**　今回WBC優勝で、栗山さんと森保監督はタイプが似ている、と感じました。監督とは、しかも日本代表監督になれば、普通はカリスマを持っていて、選手にとってカリスマがあるから務まるというのが、世界中、過去を見てもみんなそうでした。森保監督には、カリスマがないって言ったら本人に怒られそうですが、さらに、栗山さんにカリスマがないって言ったら、ファンにも怒られるだろうけれども、そう思うんです。

**栗山** 僕に関しては、全くおっしゃる通りですね。

**川淵** 森保監督とは、僕が当時、日本サッカー協会の強化委員長として、ドーハの悲劇を共に経験していますが、全く目立たない選手で、当時の（ハンス）オフト監督に、どうしてこの選手を選んだの？ と聞いたくらいです。オフト監督は、森保はチームのために運動量を落とさず、守備力や、地道にボールを回収する読みがあるとか、献身的な働きをするから選んだというので、試合を見ていたら、本当に献身的なプレーをしていた。

それにしても目立たなかったですし、自分の主義主張を上に言う選手でもなかった。だからこんなに素晴らしい結果を出す監督になるなんて、当時は、監督になるタイプじゃないと思っていましたから、良い意味で驚きました。

**栗山** 森保監督は、そういう選手だったんですね。

**川淵** 今まで野球界の大監督、と呼ばれる人、例えば野村克也さんや星野仙一さんに象徴されるリーダー像ですが、栗山さんみたいな監督はいなかった。対談でここまでお聞きして、自然な形での訴求力というか、カリスマとは違いますね。サッカーも今、選手たちはみなヨーロッパで活躍しています。彼らは、自分のチームの監督と代表監督を常に比較する。森保監督の采配、何か違うな、もっとこうした方がいいなと、選手に思われると監督の立場がなくなると思います。

だから監督として全く違うアプローチで、選手の目線を取り入れ、選手を信じて奮い立たせる。栗山さんも、選手を奮い立たせるのが本当にうまい。代表監督は、いい選手を集めて、やりたいように指揮できるんだと思われがちですが、全く違います。選手に対する気遣い、選手を出しているクラブへの配慮を、日本代表監督ほど強いられる苦しい立場はないですね。

**栗山**　本当にそうです。選手を選んだとしても、自分のやりたいようには絶対に使えません。選ぶより、むしろお預かりさせて頂きます、といった心境ですし、立場ですね。

**川淵**　そう、お預かりする、その言葉ですね。そこで一番胸を痛めるのは、代表活動中に選手が怪我をした時です。自分のチームで怪我をしたり、コンディション不良になったりしても、それはもう仕方がない。ただ、代表に来て怪我をすれば、所属チームに申し訳ないし、選手にも辛い思いをさせる。これが、代表チームの指揮を執るうえで一番しんどいですね。

また、選手たちにはプライドがある。そのプライドを傷つけずに、調子の悪い選手もいるわけですから、どの立場の選手にも、何らかの力を発揮してもらおうと考える。メジャーの選手たちがこれだけ集まったのは、だからこそ大変な努力だったと、よく分かるんです。

**栗山**　今、キャプテンが言われた通りで、今まではカリスマ的な方が多かったと思います。今回のＷＢＣで言えば、僕はとにかくアメリカをやっつけたかったんです。野球はアメリカで生まれたの

で、アメリカに行って、アメリカのスター選手たちをやっつけたいという、自分だけではなく先輩方の夢も引き継いでいますし、そのためにはメジャーリーグでプレーしている選手を、できるだけ多く呼びたいという思いはありました。

ですから、カリスマどころか泥臭く、自分で足を運んで、正面を切って、どうかお願い致します！　と、選手とチームに頭を下げ続けるしかないと思ったんです。日本の野球のために頼む、と。アメリカに行って、全員のチーム、関係者の元を回りながら、とにかく日本の野球のために力を貸してほしいと、お願いしました。そういう時に、サッカー日本代表が、W杯でドイツとスペインに勝ったという事実に、僕は勇気をもらいましたし、選手たちも、世界一のアメリカに勝ちたいんだ、と話す僕と、同じ気持ちを抱いてくれたんだと思いました。

**川淵**　これからの時代は上から目線で、チームや選手を全て分かっています、と頭ごなしに指揮を執るのではなく、普段の日常会話からそうやって丁寧に選手にアプローチをして、監督がこれだけ自分を認めているのだから、ベストを尽くさないでおくものかと、選手の気持ちを奮い立たせる手腕が必要になる。

先程、栗山さんが、ダルビッシュの話をしてくれましたが、森保監督も、カタールの代表26人中W杯初選出の選手を19人も選んでいます。これは、逆に言えば7人の経験者に対して、キミらが若い選手を活かすんだ、頼むぞ、と、栗山さんがダルビッシュへかけた期待と同じような強いメッセージを感じました。チームのために誠心誠意、力になりたい、と口では言えますが、そう簡単には行動できない。そういう部分では、栗山さんや森保監督は、全ての選手たちにそういう気持ちを持たせたり、目標を与えたりする、チームプレーのトップとしての理想的な指導者じゃないかなと見ています。

カリスマであるとか、過去の実績云々で指導するのではなく、2人のように選手の横に立って全体を見られる視野や、時には背中を見せながらそこに付いて来てもらえるかが重要でしょうね。簡単ではありませんが、今回の2人を見ながら、選手にここまで「監督のために」と思わせる新たな時代のリーダー像だと思いました。もちろん、色々な要素を含めて、何だかやたらとうまくいったという感覚もあるでしょうけれど。

**栗山**　はい、本当に、やたらとうまくいきました。勝つ時ってこういうもんだなと。普段はなかなかここまでうまくいかないので、僕自身、やたらうまくいったなって笑ってしまうような時もありました、それは正直な感想です。

**川淵**　本当に勝つ時ってそんなものですよね。

**栗山**　そうですね。ただ、森保さんの、三笘選手の交代での起用とか、僕らが見ていても、このスピード、すごいな、それを後半勝負所に持っていく采配は、実は大変参考になっていました。最初に点を取られたとしても、我慢してそのチャンスを伺いつつ一気に勝負にいく勝ちパターンなど、何が世界を変えるのか、実は、WBCの前に見させてもらっていたんですよね。

　森保さんに起用できなかった選手のフォローの仕方も聞いていました。最後だけ、僕の情が入っていたとすれば、＊4牧原大成を吉田正尚に代えてセンターで守らせたシーン。もし、同点になったらどうするんですか、とも聞かれたんですが、アメリカに行って牧原を使ってやりたいと思っていました。あとは大谷翔平が最後にマウンドに上がって、もしこれで勝ち切らなかったら、もう日本は優勝できない、と僕は腹を決めていました。そうした勝負の分かれ目を、森保さんにもお聞きし、参考にさせてもらいました。

**川淵**　やっぱり、情はなくちゃね。そういう情は必ずしもマイナスにいくと決まっているわけではないから。何しろ相手は日本代表です、最高の選手の集団ですから。

**栗山**　確かにそうですね。

## ヌートバーの抜擢と活躍の背景に見えたもの

**川淵**　（ラーズ）ヌートバー選手を1番バッター

＊4…大会前にケガ人が出たためチームに急きょ合流。準決勝は出場がなかったが、決勝の最終回に守備固めで出場した

で起用するのは、日本にも候補選手がたくさんいるなか、相当な勇気が必要だろうなと思いました。結果的には、栗山監督采配の、ひとつの成功のポイントになりましたよね。

**栗山**　この起用は、日本中の野球ファンから大批判を受ける可能性もあったわけですから、そこは最後まで慎重に考えました。

川淵さんが30年前に僕に、日本人選手が世界で戦う日が必ず来るんだって、夢を語っていらっしゃったんですね。僕も考えました。メジャーにこれだけ選手が行って結果を出しているんだから、もう世界で野球をやるのが普通にならないといけない。日本選手が世界で戦う日が来たんだから、これからはメジャーで活躍するヌートバーが日本代表に入れば、日本のレベルの高さを、ほかの日本人メジャーリーガーと共に証明する存在にもなるはずです。自分が何を言われてもいいから、彼をチームに入れようと決断しました。

**川淵**　それもまた大ヒットだった。ヌートバーは、今回の活躍はもちろんですが、僕はそれだけではなくて、アメリカのスポーツ、特に、子どもたちがスポーツでどんな風に育ててもらっているんだろうか、と、その良いところを体現している選手だと伺えました。アメリカンフットボールをはじめ、色々な競技を楽しんで、スポーツの幅を広げてきたバックグラウンドに注目していました。日本では、子どもたちが少なくなり、これからはサッカーだ、野球だ、と言っている状況ではありませんね。子どもたちのスポーツの環境をどう考えるか、大人たちの責任が本当の意味で問われます。

**栗山**　同じように考えています。川淵さんが今、言われたように、いろんな幅で競技を考える視点で、ヌートバーもアメリカンフットボールを選ぶか、野球をするか、というレベルまで両方を続けていたそうです。子どもの頃から、そういう環境で育ったからでしょう。野球の日本代表選手でも、それこそ周東佑京は三笘選手に近いスピードを持っているんですよ。彼のような選手が他の競技でもトップレベルを維持できたら、と強く願います。ヌートバーが色々な競技に触れながらメジャーリーグのレベルまでいっているので、僕らも考え直さないといけないですね。

**川淵**　僕が若い頃、運動神経のある選手は全員野球をやっていました。といっても、例えば、名門と言われる高校の野球部を見に行くと、150人ぐらい部員がいてもレギュラーで使われるのは20人ぐらいでしょうか？　あと130人ぐらいは、ボール拾いと声出しだけで、〝野球〟はやってはいないんです。こんな無駄をやっているのかってずっと思っていましたね。だからこそ、色々なスポーツをやらせてあげて欲しいと願います。

選手がスポーツをする理由は、試合が楽しいからです。アメリカみたいにシーズン制を取り入れ、大学を卒業する時にゴルフにいこうか、野球にいこうか、アメリカンフットボール、バスケットボールにいこうかと考える選手が出てくる。子どもたちに潤沢な選択肢を与えてあげられるのが、スポーツ一流国です。アメリカにはまだまだ敵わない。Jリーグが始まった時に、日本はスポーツ三流国です、と言いましたが、今やっと、二流国になったぐらいです。

**栗山**　WBCの優勝で久々に、多くの方々に野球を見て頂いた手応えはありますが、川淵さんの今

## 「ヌートバーが色々な競技に触れながらメジャーリーグのレベルまでいっているので、僕らも考え直さないといけないですね」(栗山)

のお話でふと、優勝した、良かった、メジャーリーグの選手も参加した、ではなくて、この後を何かに繋げていかないといけないんだ、と気付きました。盛り上がったから良かった、では、僕らはダメですよね。確かに、試合に出られない子どもたちの多さ、サッカーに限らず課題があります。そういう問題意識を持つと、今回、ここまで多くの方々に野球の優勝を喜んで頂いたのは、むしろ絶好のスタート地点だと考える、そういう捉え方をしないといけませんね。自分も改めて考えなくては、と、今、視点を頂いた。幅を広げるのにも役立ちます。

**川淵**　ヌートバー選手が育ったリトルリーグは、僕がかつて教えてもらった話では、地域の違いはあっても、大体3月か4月に始まり、7月の独立記念日を挟んで夏で終わるそうですね。ネクタイ姿のお父さんや、お母さんが仕事帰りに試合を応援に行く風景がアメリカの日常なんでしょう。

アメリカに住む友人に聞いたとても感動する話があるんです。試合にレギュラーで出ていない、そういう子どもにもチャンスはある。そんな子が打席に立つと、それだけで応援席やベンチからも拍手が湧く。もし、バットにボールが当たってファウルでもしようものなら、みんな立ち上がって大きな拍手を送る、と……ご両親が涙ながらに話してくれました。試合に出なければ子どもは楽しくないんです。そして、トップから、それこそ打席に初めて立った子にまでそれぞれに勝利があるわけです。それを見つけてあげられるのが、良い指導者だと思います。

**栗山**　僕たちはトップとして勝利を追求していますが、今、お話しされた補欠のいない子どもたちのスポーツの実現を真剣に考えないといけませんね。野球も一極化していて、部員がいるチームは大学でも250人とか150人いるんですよ。それって楽しくないですよね。試合に出られないので。

**川淵**　楽しいわけありませんよね。補欠のいないチーム、クラブ、を考えないと。楽しいはずがないのに、まるで指導者が押しつけるみたいに、ここで頑張るのが将来に繋がる、とか、補欠でもいいんだ、と思わせているだけで、本当は、ほとんどの選手たちが試合をしていない。スポーツではないんです。関係者はもっともっと頭を悩ませて、他の競技で何かできないか、とか。海外のサッカークラブでは、2部でも、1部と違うチーム名を付けて試合ができるように工夫しています。野球もサッカーも、子どもたちが本当に、心から楽しめているのか、考えなければいけない。他のスポーツと連携すれば受け皿を作れるかもしれませんし、知恵を絞るのが大人の責任です。

スポーツの価値というのは、ひとつの生き方、

「Jリーグが始まった時に、日本はスポーツ三流国です、
と言いましたが、今やっと、二流国になったぐらいです」（川淵）

人生そのものに繋がっているものだと思う。娘がゴルフを始めて10年近くになります。今では一緒に年間30回は行くんです。友達が増え、交流の場がどんどん広がり、彼女はゴルフを通じて人生をずっとエンジョイするでしょう。もちろんゴルフに限らず、他のスポーツでも、或いは観戦でも、生活の一部にスポーツがあれば人生が一層、豊かになる。栗山さんも同じ考えを持って頂けるようで嬉しく思います。僕もこの歳になってまだ青臭く、そんな話をしています。

**栗山**　とんでもないです。結果にこだわるのはプロとして当然ですが、一方で、それは何のためなんだ、という、キャプテンがJリーグの立ち上げでおっしゃっていたスポーツが何を実現しなきゃいけないのか、改めて胸に刻まないといけないと思いました。

## 大谷翔平とJリーグ30年 各競技が日本社会のために

**川淵**　大谷が日本ハムに入団したのはとてもラッキーだったと思います。栗山さんに直接お聞きしたかったのは、もし彼が他のチームに行っていたらピッチャーと打者の二刀流をやらせていたんでしょうか？　野球をやる子は確かに減っているなかで、大谷のようなスペシャルな選手は育っている。先程、アメリカでは色々な競技を子どもが楽しめる選択肢、環境がある、と話しましたが、一方では、大谷のように、投手と打者を両方やらせようとはしないんですよね。いきなりメジャーに渡ったところで、そこは成功しなかったとすれば、とても興味深い話です。

**栗山**　はい、アメリカの野球では、まずひとつしかやらせないですし、日本でもほかのチームに行っていたら二刀流はやっていなかったと思います。できなかった、という表現かもしれませんね。

**川淵** そうでしたか。その場合は、ピッチャーだけになっていた可能性が高いんですね。彼の才能はもちろんですが、栗山さんのいた日本ハムに最高のタイミングで入って、これだけの存在感を示しているわけですし、そこで、もし違う球団やメジャーを目指していきなりアメリカへ、となっていたら、あぁいう選手は誕生しなかった。育成の成功はもちろんですが、栗山さんにも絶対的な運があるし、彼にも相当な強運がないと、こんな風にはならないでしょうね。

WBCでは、メキシコ戦でヘルメットを投げて走っていく姿が印象に残りました。あぁいう感情の表現は、今までしませんでしたよね、いやもう、驚きました。

**栗山** 僕もまったく同じ印象ですね。見ていて、エッ、翔平ってこんなことするんだ、って、びっくりしましたから。彼は、勝つために二刀流をやりたかったんだ、こういう野球がやりたかったんだな、と改めて分かりました。今回は、結構、無理をして戦ってくれたんですが、そうか、これがやりたかったから、無理でも何でも、あんなにハツラツとプレーしているんだと分かりました。

**川淵** 彼は二刀流をやりたいんじゃなくて、それを貫いて勝ちたいんですね。どちらもできて大変な才能だ、と周囲は言うけれど、自己満足なんかじゃない、勝ちたいからチャレンジするんだ、その思いを象徴する場面でしたね。サッカーでも同じですが、海外でプレーする選手たちは、技術だけではなくて、勝負への執念、こだわりがとても

## 「（ヘルメットを投げた）翔平は、勝つために二刀流をやりたかったんだ、こういう野球がやりたかったんだな、と改めて分かりました」（栗山）

強い。ひとつ上のレベルです。

**栗山**　今回、翔平も、ダルも、吉田にも感じましたが、勝利への執念が本当にもの凄いんですね。試合がいくら面白くても、自分がいいパフォーマンスしても、試合に勝って結果がないと何も生まれない、野球やっている意味すらないんだ、というくらいの気迫ですよね。スポーツって勝つためにやってこそですから。一生懸命やった結果、負けるのはしょうがない、相手だってベストを尽くしているんですから。大谷は、そういうスポーツの、強いメッセージを見せてくれたと思います。

**川淵**　栗山さんは、これまでの野球界のセオリーというか、歴代のＷＢＣの監督さんたちから見ると、実力は十分でも、選ばれるのは少し難しいのかな、と思っていました。

**栗山**　ＮＰＢ（日本野球機構）の中に、侍ジャパンを統括する「侍ジャパン強化委員会」があります。東京五輪で金メダルを獲得した稲葉（篤紀）監督の後任を、４球団の方が担当となって、何回か議論を重ねて下さった。その中で、ＮＰＢチームの監督経験者、もしくは日本代表経験者など、いくつかの条件を検討し、メジャーリーガーを呼ぶのを前提にすると、栗山にやらせたらいいんじゃないかという話になったようですね。ですから、ＷＢＣでは歴代５人目の監督に選んで下さった委員会の方々には感謝しています。

**川淵**　大谷やダルビッシュが、栗山さんが監督になれば、代表に来てくれるに違いないとの期待と信頼ですね。栗山さんを選んだ野球界も素晴らしかったという結論です。

**栗山**　川淵さんには、30周年を迎えたJリーグだけではなくて、僕らのように内部事情をよく分からない立場の者から見ると、これは難しいから絶対にまとまらないだろうな、と思ったバスケットボールで分裂していた2つのリーグをBリーグにまとめられた経緯などもちゃんと伺っておきたいと思うんです。Jリーグの30年を振り返って如何ですか?

**川淵**　もっとも大きい成果は、スポーツを企業だけではなく、地域の財産にできる仕組みが日本中に定着したことでしょうか。例えば、栗山さんがキャスターとして取材に来て下さった最初の年は、クラブ数が10でしたよね。30年の今年は、J1からJ3まで60クラブになりました。全国47都道府県のほぼ全てにJリーグ、Jリーグを目指すクラブがあります。

チェアマン時代、将来的には100クラブを目指します、と、話した際には、ずい分と冷たい反応でしたよ。でも、30年で60クラブなら、予想を上回るスピードですからとても嬉しいですね。プロ野球は当時も今も変わらず12球団。エクスパンション（拡大）して、プロ野球の球団がない地域

## 「自己満足なんかじゃない、勝ちたいから二刀流にチャレンジするんだ、その思いを象徴する場面でしたね」（川淵）

にチームを作れば、今よりももっと盛り上がるし、野球ファンだってとても喜ぶはずだ、と、僕は思います。

**栗山**　自治体とスポーツの連携がこれだけ浸透したのはJリーグの力でもありますね。日本ハムも札幌に移転したのが2004年で、次の20年に向かって、23年は新たに、野球だけでなく地域ともっと深く連携できるボールパークも完成しました。

**川淵**　Bリーグがスタートする際、どこのクラブも、自治体から体育館が借りられずに苦労していました。ですから、本拠地として8割の試合をひとつの体育館で開催すると定めたら、大変な反発を受けたんです。

その際、北海道のチームから、北海道各地を回って開催するから多くのファンを獲得できるし、応援してもらえる、と言われ、まさに日本ハムの話をしました。それまでの経緯もずっと調べていましたので、では、北海道日本ハムは、北海道中でファンを集めるために全道で営業していますか？　札幌ドームという拠点があるからこそ、全道だけではなく、全国からお客さんが足を運ぶ、魅力あるチーム作りをしているんではないか？と。エスコンフィールドは、Bリーグ[*5]でも提案した音楽業界とのコラボレーションを考え、コンサートのためのトラックも入れるように設計されています。

**栗山**　はい、僕もそういう部分を視察しました。

**川淵**　Jリーグがスタートする前に、関係者でアメリカのプロスポーツを視察に回りましたが、当時からMLBはとても強い危機感を持っていて、観客の年齢層が上がっていく、とか、観客がどんな満足感や不満を抱いているかとか、本当に細か

＊5…スタジアムとアリーナのより良い未来を創造する団体「ECSA（エクサ）」の代表理事会長を務め、副代表の中西健夫氏と、スポーツ×音楽の力で豊かなアリーナ文化の醸成を目指している

なデータを収集していたんです。あの頃の延長線上で、彼らの危機感は続いていて、ルール変更にも積極的に取り組んでいるんでしょうね。

例えば、今年からピッチクロック[*6]が導入されましたね。しかし当時、すでに他のプロスポーツに比べて、試合の時間が長い点もちゃんと議論されていました。ピッチクロックがスタートして、残り時間を見せられるのはこちらも何だかハラハラしてしまうんで、時計は出さないでいいよ！　とテレビに向かって呟いてしまいますが、30年前から、改善点だとしていたのだから、変化に対してとてもポジティブなのは、よく理解できます。今、オペラなどもかつてよりは短くなっています。4時間以上をかけたイベントを行うのは、難しくなっていますね。

**栗山**　個人的には、サッカーで導入されている指導者ライセンスにはとても関心があります。プログラムも一度しっかり拝見したいな、とは思っています。

**川淵**　サッカーでプロを指導しようと思うと、最上位のライセンスS級取得までに相当な時間がかかります。サッカーは国際サッカー連盟（FIFA）をトップとしてピラミッド型で世界中が同じ組織の中で動きますが、野球は組織が多いのでなかなか難しいでしょうね。

**栗山**　Bリーグも、もうはるか前からあったプロリーグのように定着していますよね。キャプテンが制裁を受けたバスケットボールをどう変えられたのか、僕たちは、違う競技だから、と見るんではなくて、やはり、ちゃんと知っておかなくてはならないと思っています。当時は、ずい分、怒っていらっしゃいましたよね？

＊6…投手の投球間における時間を制限するルール。試合時間の短縮を目的に、メジャーリーグでは23年から採用されている

**川淵**　ハハハ、怒りの川淵、っていつも新聞に出ていましたから。大体、うまくいかない団体に共通しているんですが、危機感がないんです。一度、ある会議で、この10年間で何が起きたのか、きちんと総括すべきではないか？　といった意見が出たんです。僕はもう本当に頭に来てしまって、総括なんてしている時間があるとでも思っているのか！　自分で勝手に総括してくれ！　と怒鳴ったんです。

制裁の解除を何より急がなければ、男子とは関係のない女子のリオデジャネイロ・オリンピック予選も、その下のユース年代も、国際大会で戦えないんです。そういう時でさえ、危機感のない団体は、10年分をまずは総括すべきだ、なんて言い出すんです。僕はもう血圧200なんていう日もあるほど、考え抜いて、全力でリーグをまとめようと思っていましたので、文句なんて言わせなかった。

**栗山**　血圧200ですか……それで仕事をされていたんですか？　お話を伺っていて、今も、エネルギーというか、パワーがあふれていて、僕ら、見習わないといけませんね。WBC優勝で大喜びして終わってしまってはいけないんだ、と、色々ヒントを頂きました。

**川淵**　とんでもありません。素晴らしい優勝です。サッカー、プロ野球、と日本代表という横串でこうして繋がった好機は、お互いに、大切にしたいですね。日本のスポーツ界のために、もっと言えば日本社会のために、野球とサッカー、他の競技も力を合わせていければと心から願っています。栗山さんとこうして話していると、何だか不思議ですが、ずっと話していたくなりますね。選手の気持ちが分かります。本当にありがとうございました。

**栗山**　改めてキャプテンのお仕事を、僕らも学んでいかなきゃいけないと思いました。お会いできて感激しました。

PROFILE

## 栗山英樹

くりやま・ひでき◎1961年4月26日生まれ、東京都出身。創価高から東京学芸大を経て、84年にドラフト外でヤクルトへ入団。シュアな打撃と鉄壁の外野守備で活躍し、89年にはゴールデングラブ賞を獲得。90年に現役引退。その後、スポーツキャスターや野球解説者を務め、2012年から北海道日本ハムの監督に就任して１年目から優勝。16年には10年ぶりの日本一。21年シーズンで退任。同年11月から侍ジャパンの監督に就任し、2023WBCではチームを14年ぶりの世界一に導いた。

# 第1章

# 日本初のプロサッカーリーグの夜明け

## 1 「段取りの時代」は2DKのアパートから

### スタッフ4人と電話1台での船出

1989年6月、日本サッカー協会はプロ化を実現すべく、プロリーグ準備検討委員会を立ち上げました。この時、Jリーグが初めて構えた、事務所らしき部屋が、靖国通りの一口坂の交差点からお堀に向かって少し下ったところにある、九段コーポラスの一室です。

Jリーグが広報紙として発行を続けた「Jリーグニュース」の記念すべき第1号ですら、Jリーグの初代となる事務所は、九段コーポラスから移転した神田の雑居ビルと記しているので、原点を知っている事務局員や関係者も、4、5人以外誰もいないでしょう。

当時、Jリーグの立ち上げに力を貸してくれた博報堂の厚意で紹介してもらった拠点は2DKの住居で、折り畳み式のベッドを一旦引き出しに収納してからでないと、会議用のスペースも取れない、そういう面白い間取りでした。そこに電話を1台引いて、準備室は室長の僕と、事務局長の佐々木一樹、博報堂から派遣された加賀山公、豊野輪華子の4人だけの、実にひっそりとした船出でした。

それでも、この2DKの事務所を一番強く記憶しているのは、自分たちが初めて、サッカーの新しい事務所と呼べる場所を構えられた、その喜びや、ここから始めるんだ、といった決意のような感情を今でも忘れていないからでしょう。同時に、プロ化への準備を、もう後がないと覚悟し、本格的な準備に取り掛かった、Jリーグにとっての勝負が始まった場所だからだと思います。

小さな秘密基地には、4人と、プロ化を目指して力を集結しようとした関係者の皆さんで、Jリーグの根幹をなす組織のあり方、ルール設定、重要な言葉、理念を議論し、考え抜いた、懐かしい思いが詰まっていました。

Jリーグの「段取りの時代」とも呼べる時期かもしれません。

## 全てが手探りでも辛くはなかった

当時、とにかく3人には、言葉にこだわろう、新しい表現、別の言い方はないのか、よく考えてみよう、と話していた記憶があります。

理事長や野球で使われていたコミッショナーではなくチェアマン、プロ野球で使われていたフランチャイズではなくホームタウン、91年11月に発表したプロリーグの名称も、当時の文部省には、スポーツでは野球が機構、と漢字を使っている、プロサッカーリーグ、と全てがカタカナ表記の社団は前例がない、と反対されてのスタートでした。

前例がないので全ては手探り。色々な場所に出かけては説明をし、対話をして、理解を得る。それを繰り返す毎日でした。

サッカークラブができた場合、それまでは企業の福利厚生や広告宣伝費でまかなわれてきた運営費は、企業の出費になるとどう課税されるのか、国税庁を訪ねてプロ野球と同じように責任企業の経費として認めてもらうよう数カ月にわたって交渉し、非課税の扱いにしてもらいました。

幸運なことに、経済的にはバブルの絶頂期でお金に関しては強気で計算していました。

プロクラブ参加の意思を持つ企業の中には、僕らが国税庁と交渉する際には長官への根回しをしておいて下さった。そのお陰で、Jリーグを理解をしてもらうには、それほど時間はかからなかった印象でした。

当時は54歳。51歳で、自分にとっては「左遷」されたと思う人事で、古河産業に出向していましたが、サッカーでやっていくと腹を括って、前を向くしかなかったんでしょう。古河産業のオフィスがある日本橋から、九段コーポラスに行ってJリーグの話が一段落すると、もう一度日本橋に戻って、終電間際に千葉の自宅へ帰る日もありましたが、辛くはなかった。

一口坂での風景はよく覚えていて、あの頃、日本サッカーの未来を考え意気揚々と力強い足取りで、なんて明るい気持ちではなく、かといって不安ばかりでもない。毎日が手探りで、何か確信を持って過ごしていたわけではなかったけれど、坂道を沈思黙考（黙って深く考える）、光が見える方向に歩いていたんだと思います。

91年11月にJリーグが設立され、私も30年勤務した古河電工を退社し、初代チェアマンに就任します。Jリーグの開幕まで1年半となっていました。

何年か前に、ある企画で九段コーポラスの跡地を訪ねる機会がありました。もちろん取り壊され新しいオフィスビルが建っていて、当時を思い出し胸が一杯に……ということは一切なく、全然懐かしくないなぁ、と笑いました。

# あの時の言葉 ― 1

［Jリーグ初代広報室長として
プロスポーツの報道体制を確立］

## 佐々木一樹(71)

ささき・かずき◎1951年生まれ、兵庫県出身。関西学院大サッカー部ではマネジャー、日産自動車でも同職で強化に携わる。88年日本サッカーリーグ（JSL）事務局長、91年にJリーグ初代広報室長と、プロ化のスタート時から重職を担った。97年に同事務局長に就き、同エンタープライズ社長、日本サッカー協会理事など歴任、現在は加茂商事人事部長。

## 「カタカナの団体名、理事長はチェアマン……。川淵さんの言葉に対するこだわりは特別だった」

私は1992年1月に日産自動車を辞めて、前年の11月に立ち上がったJリーグに入社した社員1号だったようです。

91年11月1日、Jリーグが設立された際、正式名称を「社団法人日本プロサッカーリーグ（Jリーグ）」としました。それまで日本のプロスポーツでは、協会や機構といった呼び方でしたから、プロサッカーリーグとカタカナだけの団体に、当初は文部省（現・文部科学省）など、関係各所に反対する声はありました。

また通常なら理事長、とするところ、川淵さんはチェアマンと決め、例えば従来のグラウンドをピッチとして規約に入れるなど、言葉に対してのこだわりは特別でした。

Ｊリーグ最初の広報室長になり、当時、川淵さんが常に気にかけていた言葉に対する強いこだわりと発信力がメディアを通じてファン、サポーターの間に浸透していくんだ、プロとは発信力を持たなくてはならないんだ、と目の当たりにした気がします。

開幕の年を迎えた1月、ローズボウルスタジアム（カリフォルニア州パサデナ）で行われた第27回スーパーボウルをチェアマン、各クラブの社長の皆さんと視察し、国民的なイベントをあらゆる面で実地で知り、学ぶ機会もありました。

試合当日だけではなく、そこに向かって全米中で機運を盛り上げていく「スーパーボウルウィーク」と称して、連日多くのイベントが組まれ、メディア対応も洗練されていて興味深いものでした。選手が個々のブースに座って、記者がお目当ての選手のブースに移動しながら取材する。当時の日本ではまだ重要視されていなかったプレスサービスとはどういうものなのかを考える貴重な視察でした。Ｊリーグのメディア対応でもこうした「サービス」の考え方を大いに参考にし、メディアとの関係にもプロ化が必要になる、Ｊリーグのスタイルをどうやって築こうか、と、いつもメディアの存在を考えるようになりました。

人気を獲得するには、それ以前のＪＳＬ（日本サッカーリーグ）とは違ったファン層にもアピールする必要がある。スポーツマンの隆々とした筋肉や肉体美にも魅力があるから、女性ファンにも興味を持ってもらえるのかもしれない。サッカー選手の太ももも、ユニホームを工夫して、もうちょっとアピールできないかと、女性誌に特集で取り上げてもらおうと企画を考え、女性に積極的にアプローチした。

開幕前でしたが、神田に事務局があった頃、ある突撃番組がアポなしで、チェアマンの文字通りのチェアに座っていいですか？ とやって来ました。競技団体のトップの椅子に約束なしにカメラと来るなんて、昔のスポーツ界ではあり得ない話ですが、注目してもらえるなら、と、ちょうど川淵さんが不在でしたし、と私の判断で座ってもらった。少しひやひやしましたが、川淵さんもきっと歓迎したに違いありません。

サッカーは国際的な競技ですから、フリーランスのジャーナリスト活動がとても活発で重要になる。日本では新聞社が何を置いても最優先でしたが、フリーの記者やカメラマンに門戸を開く新しい時代も、Ｊリーグが先陣を切った。メディア説明会では新聞社から猛反発を受け、新しい報道体制を築くのに懸命でした。

私自身も、先のことは分からないけれどやってみよう、と日産を辞めてＪリーグに入社しましたし、Ｊリーグが具体化する前、ＪＳＬの総務主事として奔走したモリケンさん（森健児）、ＪＳＬ活性化委員会を束ねた木之本（興三）さん、皆さんも本当にエネルギッシュだった。

90年に、自治体との連携やスタジアムの基準などJリーグの参加条件を積み上げていく頃、川淵さんはよく言っていました。

やるしかないよな、まぁ失敗したって、別に命を取られるわけじゃない、ダメならまた考えればいいいさ、と。命を取られるわけじゃない。そうやって覚悟を決めた川淵さんは本当にもの凄い勢いで、まるで機関車のように走り続けた。

Jリーグ30周年は、もう、ではなく、まだ、なんです。まだまだ走っていかなければ。みんなでもう一度未来を考える、最良の時だと思っています。

## 2 スポーツ界の常識を破った開幕セレモニー

### 新たなスポーツ空間を創出

Jリーグが開幕する前日、1993年5月14日は一日中、強い雨が止みませんでした。ひどい雨で、国立競技場のスタンドでリハーサルを見ながら、リハーサルの出来以上に、ここを明日、満員にしてくれるファンたちの顔が頭をよぎりました。

この雨で、明日はセレモニーが無事にできるんだろうか、せっかくのセレモニーに雨でずぶ濡れになったら大変だなどと考える。選手や監督時代には、雨？　サッカーはどんな天候でもやるんだ、と、心配した記憶はありませんでした。しかし国立競技場が満員になり、プロリーグがスタートする記念すべき日、天気が心配で、前夜はなかなか眠れなかったのを思い出します。

15日の午前4時過ぎだったか、早朝から目が覚めてしまって祈る思いで外を見ると快晴！　あぁ、よかった、と本当にほっとして、いつもよりずっと早く、愛犬のゴローを連れて散歩に出かけた時の嬉しさったらありませんでした。ワクワク、ドキドキして、まるで運動会の朝のような気分でした。

国立競技場の開幕セレモニーは、考えられる限り、それまで私たちサッカー関係者が生きて来たアマチュアサッカーからの大きな変化を、目に見える形で表現しようと関係者みんなが細部に工夫を凝らした時間です。

サッカーの王様・ペレをブラジルから招待したのを始めとして、FIFA（国際サッカー連盟）の要人、スター選手にも出席してもらい、豪華な来賓席を見たファンも、わー、世界のペレがJリーグのセレモニーに来ている！　と興奮し、非日常的な感覚を味わえる。

セレモニーも試合もナイターにしたのは、私たちの現役時代にはなかった美しく青々と輝く芝を最高の舞台とし、そこにスポットライトを当てる〝劇場効果〟を狙った仕掛けのためでした。競技場を舞台として据える。これは、サッカーだけではなく、他のスポーツにとっても、ファンと選手が一体化する新たなスポーツ空間を生むヒントにもなったようです。

セレモニーでは、日本のスポーツイベントでは初めて、直前に国家独唱を歌手の方にお願いし、TUBEの前田亘輝さんにアカペラで歌ってもらいました。当時は、そんなスタイルで試合前にセレモニーを行うスポーツはありませんでしたが、Jリーグの開幕式を機に、今ではスポーツ界にもすっかり定着したのではないでしょうか。

また同じTUBEのギタリスト、春畑道哉さんには、リーグ開幕を象徴する曲として〝Jのテーマ〟(J'S THEME)を作って頂いた。どんな曲がいいのか手探りでしたが、春畑さんから完成直前のデモテープが届き、その旋律を聞いて、その素晴らしさに、これでいこうと即決しました。Jリーグが続く限り、永遠に流れる曲になる。スポーツと音楽の融合も、あのセレモニーで新しく見せよう、と考えていました。

一言で表現するなら〝夢のような〟開会式を準備したのです。そこに至る長い道のりでの困難も喜びも、僕にとってはJリーグの全てがあの日に詰まっているといっても過言ではありません。

## 1人で練ったスピーチの原稿

開会宣言も、メディアの皆さんたちや色々な方々にアドバイスをもらいました。「歴史的な日なんだから、やはりチェアマンが歴史的なスピーチをするべきです」と言われたものの、国立競技場を満員にし、歴史的な日を一緒に支えてくれるファンは、別に、僕のスピーチなんか聞きにくるわけではない。率直に言って、よく聞く定型文のような「ごあいさつ」には、全く気が乗りませんでした。

しかし準備段階で関係者とコミュニケーションを取っているうちに、そうだ！ スピーチはするけれど、短くすればいいや、と思い付いたんです。ここはできる限り短く、お決まりの言葉じゃなく、スピーチライターや代理店、関係者に頼まず、自分自身の言葉で伝えよう、と決めました。

当時、日本サッカー協会の強化委員長も兼任していたため、94年W杯アメリカ大会のアジア第1次予選、最後はドーハの悲劇で幕を閉じる結果となりましたが、ハンス・オフト監督のもと、初のW杯出場を目指して始まった予選の開催都市、ドバイ（93年5月）で1週間、1人で原稿を練りました。私の前にＪＳＬ（日本サッカーリーグ）総務主事として、プロ化に向けて準備に尽くしていた森健児さん（当時Jリーグ専務理事）に、「あいさつはこんな感じにしようと思っているんだ」と、草案を見せると、森さんが「ここは、こうしたほうがいいなぁ…」と、赤字を入れ始める。

「いいんだよ、直さなくて。これがスピーチの最終原稿なんだから」

私がそう言ってムっとしながら原稿を取り返そうとすると、森さんも「だったら、何でオレに見せるの？」と言う。

30年前の、そんな気の置けないやり取りを、今、何だか懐かしく思い出します。

開会宣言。

スポーツを愛する多くのファンの皆さまに支えられまして、Jリーグは今日ここに大きな夢の実現に向かって、その第一歩を踏み出します。

1993年5月15日、

Jリーグの開会を宣言します。

Jリーグチェアマン　川淵三郎

冒頭をサッカーではなく、スポーツを愛する皆さま、とした理由は言うまでもありません。サッカーのプロリーグの誕生は、サッカーのためだけではなく、スポーツ界全体を豊かにするためである、と強い理念を、皆さんに伝えたかったのです。また、僕自身が、どんなスポーツも大好きな「スポーツを愛する者」の1人でもありました。

誰かに書いてもらう原稿を読みながら話す、いわゆる「ごあいさつ」ではない自分の言葉によるスピーチは、スポーツ界の式典、開会式としては前例のない、わずか30秒に収めました。実はスピーチの終わりではなく、あいさつ文の間に、1993年5月15日、と日付を入れたところがミソです。

オープニングセレモニーの様子は、あの日から何十年、それこそ、30周年となった今でも、テレビで何回も取り上げられています。ただ、スピーチが長ければ必ずどこかをカットされてしまう。それならば、最初から30秒くらいにまとめようと考え、それでもテレビ局側が、長いからカットするとしても15秒ほど。間に日付を入れておけば、開会宣言の前半と後半、どちらを使ったとしても、日付も含めて形にはなる。そこまで計算して、短い

スポットライトに照らされ、開会
宣言を行う。練りに練られた30
秒間のスピーチだった ©BBM

ながらも構成を考えたものです。

これまで一体何回、あのシーンが流れたでしょう。ここは僕の狙い通りでした。

## 3 赤字でも一生手元に残る切符を

### 1枚にかかったコストは1000円

ファンにとって一生思い出に残るような開会式を成功させる目的があのセレモニーと開幕戦の全てであって、一度きりの開会式で儲けて何になるんだ、と、収益は度外視しました。例えば切符1枚も、一生手元に残して頂こうとの思いから、チケット、当選者にそれを届ける封筒までデザインに趣向を凝らしたんです。

切符は、全席指定でしたから、1枚ずつ、観戦者の名前を入れ、大日本印刷で最高の品質でプリントしてもらう準備をし、国立競技場で切符を担当する部署にも、これは一生の記念にしてもらいたいから、半券は切らなくてもいいでしょう？　と、提案はしていたのです。ただ、ルール上、半券を切らなくてはいけないとなっても、切ったらどういう絵柄になるか、そこまで考え抜いてデザインしてあった1枚です。

結局、切符の担当部門の配慮と協力で半券は切らないで1枚を残してもらいましたが、考えてみたら、半券を切らない切符なんて、過去のイベントでもそうはないんじゃないでしょうか。とはいえ、こんなに凝ってしまった結果、切符1枚にかかるコストが1000円にもなってしまい……一生の、と自分を納得させながらも、苦笑いするしかありませんでした。

## プロ化への反響を学んだ2通の投書

あの時の応募総数は実に78万通（観衆は5万9626人）で、当選できなかった全員にも、対戦カードから、カズ（三浦知良、当時ヴェルディ川崎）と井原（正巳、当時横浜マリノス）2人のサインを入れて、「テレビで応援して下さい」と書かれたメッセージカードを送り、感謝と僕の遊び心を表したつもりでした。ところが2通だけ、「競技場に行けないファンに、テレビで観ろとは何事だ！　現場で見たいから応募したんじゃないか！」と、怒りの投書が送られて来たんです。

ほとんどの方は、当選できなかったファンにまで、わざわざていねいにスター選手2人のメッセージを送ってくれたと喜んで下さるんだろうな、と思っていたのに、「けしからん！」が2通。なるほど、誰もが納得するなんてことはないんだな、と、アマからプロという大きなキャパシティーに変わった反響を、とても面白く受け止めましたし、その後の勉強にもなった。あの時の78万分の2通は、今も印象に残っています。

実は、当選したのに切符がなくなった、という被害届けが警察に出される盗難事件も起きていました。全席指定なので座席は分かっている、記名もされている。ですから、そこで警察が張り込んでいて……と、そんな騒動まで起きていた事を後で聞いて驚きました。封筒にも特別なデザインを施して当選者に送ったために、「Jリーグの開幕式に当たった」と、第三者に分かってしまったのかもしれません。起きるかもしれないリスクや問題をどれほど考え尽くし、準備をしても、新しく何かを立ち上げる時には、想像もできない

当選者へ送る封筒のデザインにまでこだわったという
開幕戦のチケット。半券が切られずに残っている

色々な事象が起きるものなのだ、と、実践で勉強させてもらいました。

当選した5万人を超える皆さん、30年が経った今も、手元に記念として切符を持って下さっているでしょうか。

今も、夢のような一晩だった、と思い出して下さるでしょうか。

## 4　忘れられないベテラン選手たちの表情

### 情熱と愛情が詰まった開幕戦

開幕戦には、93年は10チームですから5試合同時開催を望む声もありました。ただ僕は、せっかくこれだけの注目を集めているのだから、5試合同時では、開幕戦への関心や報道も分散してしまうのではないか、それはもったいないと感じ、開幕は1試合、ヴェルディとマリノスで組む、とほぼ独断で決めました。

もちろん色々な意見が、様々な立場の関係者から出されていました。サッカーに詳しいとか、競技歴のある人はあの頃のクラブの社長、関係者にはとても少なかったはずです。こうした僕の決断に対して、反論が多くて当然でした。しかし本当に全員が、あの日に向かって、何としても開幕セレモニーと開幕戦を成功させよう、と一致団結していました。皆さんの情熱やスポーツへの愛情の結晶が、あの開会式と開幕戦だったと、30年経った今になると、一層重く、感動的に思い出されます。

国立競技場のライトが全て消えて、選手が入場した場面、スタンドからでは分かりませんでしたが、後でビデオを見ると、選手の顔が、もう緊張を通り越してしまって、目の焦点が合っていない。ボーっとして、まるで夢でも見ているんじゃないかって、まさに「夢見心地」とはあぁいう表情を指すんでしょう。

特に、キャリアのある選手たち、その中でも和司（木村、当時横浜M）の顔は、忘れられない。子どもが、憧れの大スターに出会って握手をしてもらった時、とでも言うか、形容しがたい表情でした。

98年のW杯に初出場した日本代表選手たちだって、日本の初戦（フランス大会、対アルゼンチン）で、あんな表情はしていなかったはずです。

ライトが、緑色の芝に反射して特別な空間が生まれる。昼間の試合では、その効果は半減したのではないでしょうか。照明、緑の芝、ナイター開催、これらは全てこれまで日本のスポーツにはなかった、劇場効果を生むための演出でもありました。あの日は確か3億数千万円の売り上げで、出費はホームのヴェルディ5000万円、マリノス2000万円の出場料を含め3億数千万円、ちょうどプラスマイナスゼロ。

けれども大事なのは、プロリーグのスタートだからこそ、収益を最優先するのではなく、あの歴史的な日に、切符にしても、演出にしても、全てにおいてファンに楽しんでもらえるか、夢のような1日を共に過ごせるかどうかでした。あらゆる細部に、そういうコンセプトが詰まった開会式で、6万人近くのファン、テレビを観ていた方々に、感動や、これから何が始まるんだろう、といったワクワクするような興奮を味わってもらえたのが本当に嬉しかった。

## 5 チアホーンの音とペレとの抱擁

### 小さなラッパが作った空間

チアホーン（小さなラッパ）もとても大きな役割を果たしました。日本人はシャイで、当時はまだ応援の仕方だって分からない時代です。ピンチやチャンスになるとあの音がひときわ大きくなる。それがゴール前での攻防を盛り上げる効果音にもなっているようで、これまでのサッカーにはない雰囲気を作り出してくれたし、ストレス発散にもなったのではないでしょうか。

後に、住宅街に隣接した瑞穂競技場（名古屋）、病院が近い国立競技場では警察を通じてチアホーンの使用を自粛して欲しいとの要請があったので、国立の大型ビジョンに「チアホーンの使用は自粛をお願いします」と、出したらみんなピタリと止めてしまった。これには驚いた。禁止、ではなく、自粛で止める。日本人って凄いなぁ、と感心させられました。

応援の仕方が分からなかった時代のチアホーンから30年で、Jリーグは浦和レッズを代表とする声援が主流になった。サポーターもまた、リーグの成長の速度を示してくれる存在であり、誇りともいえます。

僕が半世紀以上前に、イングランドで初めて見て感動した声援にも引けを取りません。声援がチームと一体になっているから、試合内容まで素晴らしく見える。でもいつか、許されるなら、迷惑にならない場所でまたあのチアホーンの音を聞きながらサッカーを見てみたいとも思います。プロが生まれて、よちよち歩き出した時代の音として、僕にとって開幕を鮮明に蘇らせてくれる特別な音のひとつです。

## 涙を流してくれたペレの優しさ

今も忘れられない感覚はもうひとつあります。わざわざ駆けつけてくれたペレは、若い頃からW杯で大活躍していた世界のスーパースターですから、僕よりもずっと年上だと思っていたんです。開幕式を前に、色々談笑するなかで僕より4つ年下だと知ってびっくり。ペレは、ヴェルディ対マリノス戦が終わった後、涙を浮かべながら「素晴らしかった」と、僕を強く抱きしめてくれました。

あの強いハグの感触を思い出すたびに、ペレという大スター選手の前でJリーグの第一歩を共に観戦できた感激、涙を流してくれた彼の優しさ、無事に大切な日を終えられた安堵感、色々な感情が鮮明に蘇って来ます。

ペレは天国に旅立ったけれど、あの日、日本でプロリーグが誕生した瞬間を目撃してくれた。Jリーグにとって、日本サッカー界にとってもあの日の、まさに夢のような時間はずっと変わりません。

ペレさん。お陰で日本のプロリーグは30周年を迎えました。もちろん、あなたの国に追い付くにはまだまだ時間がかかります。でも、あの時国立競技場で抱きしめ、こぼしてくれたあなたの涙に少しでも応えられるリーグに成長したでしょうか？

サントスの選手として来日し、国立競技場で日本代表と
国際親善試合を戦ったペレ（72年5月26日）©BBM

# 第2章

# スポーツ界、日本社会を変えたJリーグの革命

## 1 日本初のサッカー専用スタジアム誕生までの攻防

### 「残り2枠」を6チームから選ぶ

1990年に日本サッカー協会がプロリーグへの参加意思があるかどうかを調査したところ、20団体も手を挙げたと分かって、これには安堵しました。

当時はバブル経済のピークで、企業も自治体も潤沢な資金を手にしていた時期です。今では、CSR(corporate social responsibility＝企業の社会的責任を指す)となりましたが、あの頃はフランス語で、メセナ、芸術文化活動への支援を通じて社会貢献を進めるといった風潮で、そうした好景気がJリーグの強い追い風であったのは間違いありません。

Jリーグが始まった93年にはバブルも崩壊し始めていたのですから、経済が絶頂にあった2年ほど、まさに神のみぞが知る、とさえ思えるタイミングをJリーグが掴んだといえるでしょう。

この年の8月から、具体的なヒアリングを始めるなかで、当初、8チームが妥当と考え、2度のヒアリングを実施し20の参加希望団体を14チームにまで絞りました。14のうち13はＪＳＬ（日本サッカーリーグ）からの参加で、その中で、三菱自動車、古河電工、読売サッカークラブ、日産自動車、全日空、トヨタ、松下電器、マツダの8チームは内定。

メセナで社会貢献を希望する各企業の熱意もあって、8チームを10チームに増やし、残る2チームを、住金、日立製作所、フジタ、ヤマハ、ヤンマー、唯一、企業を母体としない市民クラブ、清水の6チームから選ぼうと考えていたのです。

## 辞めてもらおうと出した数字

しかし住金には、残る2チームに入れる目さえありませんでした。ＪＳＬでも2部でしたし、他のクラブのように天皇杯優勝経験もない。しかも内定した8チームの多くは大都市圏として、相応の人口を持っていたのですが、鹿島の人口は当時約4万5０００人。鹿島町も、茨城県も、住金も大変熱心ではありました。その熱心さを何とか傷つけないように諦めて頂こうとの思いから、99・９９９９％可能性はありません、と伝えました。

それにしても普通ならば、0コンマの後3つも0が並ぶ可能性なら諦めるはずです。しかし経済産業省から県に出向し、後に事務次官になった北畑隆生さんら一行は、「エッ？可能性はゼロじゃないんですね、その0・0001％は何ですか？」と聞く。

あぁ、そんな事聞かないで、察してくれよ、何と断ればいいんだ、と苦し紛れに、でしたが、観客席に屋根を付け、椅子も独立式で1万5000人を収容できる日本初のサッカー専用スタジアムでも造ってくれるんだったら考えますよ、と答えたんです。

やれやれ、これでようやく諦めてくれただろう、とほっとしました。数日後に事務所に北畑さんたちが来る約束が入り、あぁ良かった、住金にも鹿島にも、手を挙げて下さって本当にありがとう、今後も挑戦して下さい、とお礼の握手で別れようと思っていたら、別れのあいさつにしては、入室してくる人数がやたらと多い。ん？　なんでだろう、と不思議な空気の中、竹内藤男（当時）茨城県知事から許可が下りました、屋根付きのサッカー専用スタジアムを造ります、と宣言されたので、もうひっくり返るほど驚きました。

エーッ、そんなの造ってもらっちゃ困りますよ、大体4万5000人の人口の町に1万5000人のスタジアムって何考えているんですか？　と、自分の言葉に、何て矛盾した話をしているんだ、と分かってはいましたが、それほど驚いてしまった。さらに、そうは言っても今から開幕に間に合うんですか？　と聞くと、もちろんです、と言われる。

実際に、着工から1年半の93年5月4日、Jリーグがスタートする11日前に日本初のサッカー専用スタジアム、県立カシマサッカースタジアムが完成しました。16日の開幕戦（鹿島対名古屋）でジーコのハットトリックから始まった快進撃で、アントラーズはJ１最初の王者に輝く（2ステージ制で第2ステージは4位）怒涛の勢いで、人口4万5０００人の小さな町がJリーグが掲げたホームタウン、地域密着の理想を素晴らしい成功例でアピールしてくれました。

Jリーグがスタートし、たくさんの講演依頼を頂くようになり、当時は、どこに呼んで頂いてもそこでは初めての講演になる時期でしたから、話の中には、鹿島とのやり取りを、必ず入れていました。ある講演会で、そろそろ別の話も交えて話そうと、鹿島のエピソードを抜いたんです。すると終了後に私の元へ１人の方がいらっしゃって、とても残念そうな表情を浮かべてこう言うのです。

「きょうはどうして鹿島の話をされなかったんですか？　とても楽しみにしていたのに」

と。これには笑いました。鹿島の話を楽しみに、と言うからには、奇跡の物語の結末はご存知なわけです。

講演会がマンネリになっちゃいけないと配慮したつもりが、何故いつもの話をしないかとがっかりされてしまう。そんな話を阿川佐和子さんにしたら落語も同じでしょう、と言われました。

臨海地帯に並ぶコンビナート砂漠、とまで呼ばれ、人口が減少し活気を失った鹿島を、サッカーで元気にしようとスタジアムを建設した竹内知事には、お目にかかってあいさつができなかったのが今でも残念です。23年、生涯の功績を称えて記念碑が完成し、そこにはカシマスタジアム建設をけん引したと書かれていると聞きました。

# あの時の言葉 —2

[知事の特命を受け、0.0001%の奇跡に奔走]

## 北畑隆生（72）

きたばた・たかお◎1950年生まれ、兵庫県出身。東京大法学部卒。通商産業省に入省後、82年からは一等書記官として在スペイン大使館に勤務し、サッカーの魅力を知る。90年に茨城県商工労働部に出向し、当時の竹内藤男知事から町づくりの特命を受け、同時に鹿島のJリーグ入りに各方面で奔走。経済産業事務次官となり、母校・三田学園理事長を経て、開志専門職大で学長に。

### 「99・9999%無理と言われて、怒りがこみ上げたが、それが大きなエネルギーにもなった」

Jリーグへの参加申請がスタートした1990年の夏、通産省（通商産業省）から茨城県庁の商工労務部長として出向していた私は、プロ化委員長だった川淵さんに、住金（住友金属）と鹿島町での参加について陳情に行ったんです。

すでに参加申請していたのは、横浜や名古屋、大阪といった大都市ばかり。鹿島の人口は4万5000人でしたし、住金（蹴球団）の実力もいまひとつ。川淵さんは古河電工にいらしたので、鉱業界でよく使われる「6ナイン（99・9999%）無理ですわ」と、断言された意味はすぐ分かりました。しかし、その言葉に怒りがこみ上げた。

ただ、川淵さんも反対派が多かった当時、どれほどの思いでプロ化を実現しようとしていたのか、その覚悟は相当なものだったでしょう。あの時、川淵さんの全身から本当にもの凄いエネルギーがみなぎっていて、私もあの迫力に巻き込まれたのか、可能性がないからとあっさり諦めようとは思いませんでした。そこまで言うならこちらは0・0001%、奇跡とも呼べる可能性にかけてみようと思ったんです。

私は、知事（竹内藤男）の特命事項を宿題として預かっていました。「臨海コンビナート」を鹿島町に県主導で建設したのに、結果的には単身赴任者の町になってしまった、若者、女性、子どもたちが住みやすい新しい町づくりを考えて欲しい、と知事に命を受け、スペイン大使館に勤務し、サッカーで国中がお祭りのような活気に包まれるのを目の当たりにしていた経験から、鹿島もサッカーで町おこしができないか、と考えていました。住金を含めて参加申請が20チームになり、その後クラブが絞られていく段階に入った時期、私はもう一度、川淵さんを訪ねたんです。

その時、手土産をと思い、水戸名物で私も好物だった「光圀饅頭」を持参しました。川淵さんは、「気を使ってもらいすみません、饅頭の下には小判が？」と平然とジョークを言う。私も関西人の血が騒いだのか、「住金をJリーグに入れてもらえるんだったら、金の延べ棒、饅頭の下に敷き詰めてきます」と返し、2人で大笑いしたのが懐かしい。川淵さんの話にはいつもユーモアがありました。

小判とは、1万5000人収容で全席背もたれのついた、屋根付きサッカー専用スタジアムの建設を県でやれないかという打診でした。私はこれが0・0001%なら、とその足で、特急とタクシーを乗り継いで、出張でつくばにいた知事の元に駆けつけた。川淵さんの打診案、大体の予算を報告すると、知事は、分かった、スタジアムを造ろう、とその場で即決されたんです。あの瞬間が、日本で初の屋根付きサッカー専用スタジアム「カシマスタジアム」と、鹿島アントラーズというクラブ、サッカーによる地域密着や町おこし、こうした夢のスタートになったんではないか、と思います。

ここから93年5月の完工、こけら落とし、開幕戦（5月16日、名古屋戦）に間に合ったのは、竹内知事を先頭に関係者が、まだ分からなかったサッカーの魅力に賭けようと本当に努力したからです。今思い出しても厳しくて、だけど楽しい毎日でした。

無理だと思える新しい施設の建設で「異次元の空間をつくる」と言ってプロ化を大きく進め、地域密着を叶えた川淵さん流の改革は、私のその後の人生に大きな影響を与えました。母校の三田学園で理事長を務めた際、子どもたちに土だったグラウンドに、国際規格の人工芝を敷きます、と宣言し、子どもたちが大歓声をあげた。それまでのグラウンド整備の時間が省け、埃や、雨天での汚れも心配なくなった環境で、サッカー部は全国大会で活躍するだけではなく、今では男子生徒の5人に1人がサッカー部に入るほど、私がいたスペインのように誰もがサッカーを楽しむ環境が生まれた。

あの時の川淵さんの提案や、未知のスタジアム建設を即決した知事のように、改革には決断と思い切った投資、環境整備が必要になる。そういう仕事を身を持って知る貴重な経験でした。

Jリーグ30年はついにここまで来たなぁという思いです。鹿島は、スポーツによる地域活性化の成功例です。茨城県と鹿島の皆さんと議論を交わし、走り回った毎日が今も鮮明に蘇ります。本当におめでとうございます。

## 2　早過ぎる「ベストメンバー」規定の理由

**資料を徹底的に読み込んで未来予想図を描く**

Ｊリーグの開幕ギリギリまで準備に時間を割いた作業は、Ｊリーグの、いってみれば憲法ともなる定款、これを運営に反映するための規約、さらにそれを細かい部分で補う規程の作成でした。

サッカー界はＦＩＦＡ（国際サッカー連盟）を組織の最上位とする統一されたルールがあるので、まずは、ＦＩＦＡのルールを読み込み、Ｊリーグよりはるか以前からプロリーグが運営されている〝先進国〟は、どのような規約を持つのか、当時、翻訳だけで何百万円と相当な経費がかかりましたが、最古のプロリーグであるイングランド、イタリア、スペイン、はもちろん、欧州のプロリーグとしては比較的新しいドイツ、と、規約を全訳して、古河電工出身の池田正利弁護士、博報堂の法務部にいた小竹伸幸さんと共に徹底的に資料を読み込んだものです。

それぞれが勤務する企業の仕事を抱え、夕方に会議をして規約のたたき台を作り、2人はそこから事務所に戻ってまた作業に入る。規約作りに寝袋を持ち込んで事務所で仮眠していたそうです。

Jリーグの憲法であり、精神を示す規約作りは、他の準備と違い、今、目の前でどうすれば良いかという対応では済みません。まだスタートしていないにもかかわらず、或いは問題が起きているわけではないのに、将来には何が起きる？　という未来予想図を描き、そこに条文を織り込むからです。

海外リーグの資料を参考に、それを日本で活かすように個性を加えて行く。そういった作業の中で僕自身がどうしても加えようとこだわったのが、「ベストメンバー」の規定でした。

もちろん、ファンのためにベストメンバーで試合をするのは当然の話です。当時も、ベストメンバーの定義などどう決めるのか、クラブそれぞれの判断によるのではないか、と、条文にどうもピンと来ていないのか、反対する意見はありました。

この条文を、Jリーグの定款に入れようと強くこだわった理由は、当時、まだ表には出ていなかったｔｏｔｏ（スポーツ振興くじ）を将来的に見据えていたからです。ｔｏｔｏについては全てが水面下で進行していて、Ｊリーグでも詳細を知っていたのは僕だけでした。

## 規約に挟んだ透明性という名のしおり

振興くじが始まるにあたって、今ではスポーツ界にもすっかり定着した言葉になりましたが、インテグリティー（透明性、高潔性）の確保ほど重要な前提はありません。メンバーを極端に落とせば、八百長への関与と疑いの目を向けられかねない。ですから、ｔｏｔｏは93年の開幕には間に合わないと分かっていたものの、リーグの将来に、透明性や高潔性をしっかりうたい、クリーンなリーグとして世界的にも評価される条項を入れるべきだと考えました。

イタリアでのｔｏｔｏの年間売り上げはこの頃で３０００億円とも４０００億円とも言われていて、Ｊリーグが注目を集める策としてもｔｏｔｏがひとつの切り札になってくれるかもしれないと考えました。何よりもサッカーだけではなく、スポーツ界全体のための資金にもなります。

ｔｏｔｏを早くから検討していた、森喜朗、麻生太郎両国会議員と話すために、初めて訪ねてｔｏｔｏの実現を頼むと、森さんは、「Ｊリーグとしてお金が欲しいんでしょう？」と言う。僕は、スポーツ界のために必要だからお願いに上がりました。Ｊリーグには１円だって要りませんよ、と答えました。森さんは、「えっ、ホントに？　どうして？」と驚いていました。

麻生さんは、ご自身がクレー射撃のオリンピアン（76年モントリオール）でもある。Ｊリーグの思いはよく分かって下さったんではないか、と手応えはありましたが、当時はＰＴＡを中心に教育上望ましくない、射幸心を煽る、といった反対を受けました。結局実現したのは、開幕から8年が経過した２００１年です。

近年ｔｏｔｏの売り上げは伸び続け、３年連続で１０００億円を突破し、22年の実績は１１１4億円超と過去最高となりました。あの当時、まだ誰の目にも見えない未来ではありましたが、規約のページにこっそりと忍ばせておいた透明性という名のしおりでもあるベストメンバー規定に価値はあった、と、Jリーグが節目を迎えた今、振り返っています。

この時のプロセスがBリーグ発足の際にも活かされ、サッカーのｔｏｔｏ、ＢＩＧに続きBリーグにもスポーツ振興くじウィナー（ＷＩＮＮＥＲ）が、リーグ設立からわずか6年後の22年、異例のスピードで始まりました。

Jリーグに、ベストメンバー規定を早くから織り込んだのは、Jリーグが目指したインテグリティー実現の精神が浸透してこそ、振興くじが可能になるのだと分かっていたからです。そして、サッカーだけが潤うのではなくスポーツ界全体が恩恵を受ける、と考えていたからでした。

# あの時の言葉—3

［子どもたちの未来に思いを馳せ、Jリーグ規約を作成した弁護士］

## 池田正利（75）

いけだ・まさとし◎1947年生まれ、広島県出身。京都大法学部を卒業後、古河電工総務部に勤務し83年に弁護士登録（第二東京弁護士会所属）。Ｊリーグ創設の際に博報堂法務室の小竹伸幸氏と共に規約・規程の整備を担当。Ｊリーグ法務委員会委員長、日本サッカー協会監事を務めた。池田法律事務所（東京都港区）主宰。

## 「川淵さんは、荒地を切り開く、まるでブルドーザーのような方だった」

私は大学を卒業して古河電工の総務部に務めていましたので、川淵さんだけではなく、後に日本サッカー協会の会長になられたお2人、長沼健さん、小倉純二さん、当時の古河電工のサッカー部の方々をよく知っていました。私も広島でカトリックの神父さんに指導を受け、とにかくサッカーが大好きでした。古河のサッカー部の皆さんは私にとって憧れの選手たちだったんです。

Jリーグ最初の規約を作る段階になって、博報堂の法務部にいた小竹（伸幸）さんと、川淵さんと、小倉さんで話し合いを重ね、事務局の加賀山（公）さんも同行してもらい、イギリス、ドイツ、イタリアの各リーグでどういった規約が運用されているか調査に行き、各国の規約を徹底的に読み込み、話を聞きました。川淵さんとの仕事はとにかくスピード感が求められる。

例えば夕方からの会議が夜9時頃に終わって、それを帰ってすぐに条文化するんですが、時間が足りないものですから、時には寝袋を持ち込んでそのまま朝まで規約作りに没頭する。小竹さんも私も、そういう毎日でほぼ半年のうちに規約を何とか作り上げました。川淵さんはまるでブルドーザーのように、荒地をどんどん切り開いていく。そのパワーとエネルギーは本当に凄まじいものでした。きつかったという思いはそれほどありませんでした。

私は長く少年団で子どもたちにサッカーを指導していましたので、今、自分がやっている仕事が、子どもたちがより良い環境でサッカーができる未来に繋がっているんだと希望を持っていましたし、よく、子どもたちの顔が思い浮かんだものです。発足時に尽力した関係者誰もが、選手の立場を常に思っていた。ですからJリーグの規約には、選手への愛情というベクトルがかなり強く働いているのではないでしょうか。

イギリスでは、プレーをする芝の部分をピッチと呼び、規約にもピッチと明記しました。これはサッカー界でもイギリスの呼び方ですが、天然芝（もしくはJリーグが認める人工芝）とすることも記しています。天然芝のピッチ、とは選手の命にもかかわる安全も踏まえた意味をも込めた表現で、とても大事なものでした。

また、当時から選手生命が長い競技ではない点を考慮し、引退試合の制度についても盛り込んでいる。功績を称える目的で開催を認め、必要経費を控除した純益を選手が受け取れると定めました。

当時はまだ具体化していませんでしたが、ヨーロッパを視察するなかでサッカーくじについても知識を得て来ました。こちらはリーグよりも政府が決定するものですが、川淵さんはすでに、将来的にはｔｏｔｏ（スポーツ振興くじ）の収益をサッカーだけではなく日本のスポーツ界全体に活かすべきだと考えていました。

そういう将来を見据えた規約のひとつが、最強のチームによる試合参加を定めた規約です。ベストメンバーで戦うとは、将来のくじのために欠かせない、透明性や公正さを支える根本的な姿勢です。２００１年にｔｏｔｏが始まりました。創設時に不正には関与しないとした強い姿勢が、ベストメンバーとして定義されていたのはよかったのではないでしょうか。

ロンドン支店長で赴任していた小倉さんには、古河のロンドン支店長の名刺を持って、格式の高い企業にあいさつに行っても会ってもらえなかった、ところが、日本サッカー協会国際委員の名刺を見せると、どこでもウエルカムだったと話を聞かせてもらい、サッカーという競技の魅力を一層強く感じたものです。

弁護士会からの要請で川淵さんに越後湯沢で講演をお願いしたんですが、川端康成の「雪国」の冒頭、「国境の長いトンネルを抜けると雪国であった」にならって「トンネルを抜けると、サッカーが大化けしていた」と話されて、会場は大いに盛り上がりました。

プロサッカー選手の契約などなかった頃、当時として、可能な限りをやり切ったと思っています。

## 3 スポーツ史に残る激しい論戦の遺産

### 「独裁者への道」で幕が上がった論戦

Ｊリーグ元年、93年トータル１８０試合の１試合平均入場者数は１万７９７６人で、これは日本リーグ（ＪＳＬ）時代の観客数を４・５倍も上回る予想外の人数で、クラブの平均収入も予想を数倍の金額で上回る25億円にもなりました。

93年の流行語年間大賞に「Ｊリーグ」が選ばれ、新語部門の金賞にも「サポーター」が入るなど、予想もしなかった勢いのあるスタートダッシュとなるなか、２年目には、理念をめぐってスポーツ史上に残ると表現される激しい論戦が展開されました。

もう一度、あの当時の渡辺恒雄・読売新聞主筆と私の、メディアで言われたナベツネ対チェアマン対決を振り返るのは、今となると対決どころか、あの論戦が遺産となり、伝統ある野球と新参のサッカーが共存共栄し、日本のスポーツ界をけん引するスタート地点になったと実感しているからです。

Jリーグの理念である「ホームタウン」を象徴する形として、Jリーグは地域名にクラブ名を加えた呼称をチーム名としてきました。一方、赤字が出てもそれは企業の広報宣伝活動の一環であるとしてサポートしてきた企業にとって、企業名を取るなんて一体何のため？ と反論がありました。

論戦のゴングが大きく鳴り響いたのは、日比谷公園を見下ろす、言論界の総本山とも呼べる日本プレスセンターの宴会場でした。思えばあの会場で、関西人らしくサービス精神なんて発揮しなければ、あの論戦も起きていません。そもそも偶然、同じパーティー会場で渡辺さんに鉢合わせしただけだったのですから。

当時は、信じられないほどハードな日程をあえて組んでも、出張と会合、求められれば講演を掛け持ちする毎日で、少しでも多くの場所で、たくさんの人に、何とかJリーグの理念を聞いてもらい、浸透させたい、その一心でした。95年1月も同じように、地方出張から帰京して、当時のパ・リーグコミッショナーを務めていた原野和夫さんの著書「パ・リーグ会長のプロ野球緩急自在」の出版記念パーティーに慌ただしく向かったところ、渡辺さんも出席されている、と言われ、少し気が重くなりました。

このパーティーの1カ月前、94年12月に、Jリーグ初年度、2年目と連続優勝を果たした「ヴェルディ川崎」の優勝祝賀会で、渡辺さんが僕を「独裁者が、地域密着、などと空疎な理念など振りかざしているだけでは、スポーツに真の発展はない」と批判していたからです。

渡辺主筆をはじめ関係者のあいさつが終われば、そのまま帰ればいいか。そう思っていたのですが、司会者が突然、「きょうはこの会場に川淵さんもいらっしゃっています。さっ、どうぞ壇上でスピーチをお願い致します」と、余計な紹介を始める。あー、困った、でも場の雰囲気を壊せないし、断ったら渡辺さんにも失礼ではないか、しかしJリーグをこれだけの関係者に知ってもらえるチャンスじゃないか、と、関西人らしいサービス精神が湧いて、つい壇上に立ちました。

出版記念にかけて、もし私が書籍を出すとしたら、タイトルは、独裁者への道、と決めています、とあいさつすると、会場はどっと沸いて、翌日から新聞の見出しが、チェアマン、ナベツネを受けて立つ、などと一気にヒートアップ。会場にいた渡辺さんはパーティーの帰り際、記者に感想を聞かれて、あいさつは聞いてなかった、と、無関心な返答をされたそうです。

## 論戦は共闘へのスタートだった

大新聞の社長で球団オーナーの渡辺さんに、少しこの前まで普通のサラリーマンだった僕がわずかでも対抗できるとすれば、とにかく、新しく掲げた理念を多くの方々に理解してもらうために、分かりやすい言葉と表現を使って理論武装をするしかありません。そのためにロジックを考え、テレビ出演の機会ではいかにうまく話をするか、短時間でまとめるか、ずい分考えました。

地域密着、ホームタウンに根差したJリーグと、興行色の強い野球。観客1人に至るまで実数を発表し、健全なクラブ経営に繋げようとしていた経営方針と、どんぶり勘定で常に東京ドームを満員と発表するプロ野球。様々な違いや、その理由をメディアで説明するたびに、Jリーグの理念への理解が世の中に深まっていく手応えがありました。

メディアとのオープンな関係が築かれたのも、この論戦がきっかけです。

宵うち朝駆けは、新聞記者の取材方法で、対象者の自宅に朝、夕と足を運ぶ。まさか自分がその対象になるなんて想像すらできませんでしたから、驚きました。しかしそれまで、プロに限らず競技団体のトップが、メディアと近い距離で立ち話をするなど一切なかったそうで、記者の皆さんは、必ず質問に答えるといったサービス精神をも含んだスタイルを歓迎してくれました。

いつも足を運んでくれる記者たちと話していると、何か面白いことを言わなきゃ、記事になる話をしよう、と思ってしまうのです。記者に、不意に取材される毎日が、プロとしての影響力を想像したり、発信力を身に付け、新しい広報活動に繋がったのは間違いありません。メディアがより大きく取り上げて下されば、こちらも有難い。バスケットボールの改革中も、この手法は大いに活用しました。

その後、渡辺さんは、僕の古希（70歳）のお祝いに、「サッカーと野球で青少年の精神向上に頑張りましょう」とメッセージを送って下さるなど、気にかけて頂きました。

あの論戦の本当の意義とは、渡辺さんと僕、新旧プロスポーツの対立などではなく、日本のスポーツ界をリードしていくための共闘へのスタートでした。懸命に取り組んだからこそ、後にこうした財産へと変わっていくのでしょう。現に、両スポーツは史上最高の観客数も記録して来ました。

渡辺さんこそ、僕にとって、Jリーグにとって、真の恩人です。

2023年、読売新聞東京本社が、日本サッカー協会の「JFAナショナルチームパートナー契約」を結びました。これも、あの時代からは考えられない、しかしとても嬉しい驚きでした。いつか、98年に経営から撤退したヴェルディのスポンサーに再びなって頂けたらどんなにすばらしいか、勝手ながら考えています。

## 4 日本サッカーの精神を描いた1枚の皿

### ウインブルドンから着想したシャーレ

91年11月、社団法人日本プロサッカーリーグが、当時の文部省に認められてスタートしましたが、文部省にこの名前を届け出た時、カタカナでリーグと名付けるスポーツ団体は前例がないから、と却下されました。

前例がないと言われ、初めてプロサッカーリーグができるんですから前例などあるわけないじゃないですか？　と訴えると、文部省は、協会とか、連盟を使って下さい、と注文してくる。日本野球機構、日本プロゴルフ協会、日本相撲協会、確かにプロスポーツはどこも漢字でした。

30年前、Ｊリーグがもし日本の社会にも何かインパクトを与えたのだとすれば、脱・前例踏襲主義といえる、それまでのスポーツ界にはなかった新しさや、未知の楽しさを徹底的に追求したからだったと思います。

立ち上げから、チェアマンとしてのそうした前例を打ち破ろうという考えを伝えて来ましたが、それを形にしようと奔走してくれた1人が、久米一正でした。91年、サッカー協会とＪリーグに出向してＪＳＬ（日本サッカーリーグ）の事務局長となり、初代のＪリーグ事務局長も務めた。中大時代は中盤での運動量を誇る選手で、是非古河に、と勧誘したのですが、日立に獲得されてしまいました。

全てが初めてでしたから、様々な準備が必要になる。神田に事務所があった頃です。優勝チームに渡すトロフィーをどうするのか、との話が持ち上がった。僕は、テニスのウインブルドン女子シングルスの優勝者が、銀皿、シャーレを掲げる様子がとてもいいとずっと思っていました。よく、ブンデスリーグのマイスター・シャーレを参考にしたのではないか、と言われそうですが、実際には、ウインブルドンの優勝者が掲げるシーンがヒントです。

前例にはない、何か新しく、日本であまりなかった銀皿（マイスター・シャーレ）を考えていましたが、どこで、どう発注できるのか分からなかったので、事務局長の久米にウインブルドンのシャーレを作ったメーカーを探してそこに発注するよう、あとのことは一任するから、と託したのです。

## 込められたフェアプレーへの思い

どんな注文を細かく出したのか、後に久米には、チェアマンのデッサンを元に発注に行った、と言われたのですが、僕が、そんなかっこいいデッサンを描けるとは思えません。ただ、イメージとこういうものにしたい、との思いは伝えました。銀皿の周囲には、円があり、真ん中には「スポーツマンシップ」を象徴する審判と、両チームの選手の3人が描かれるといいのではないか、と。これから始まろうとするプロリーグの精神は、何を置いてもフェアプレーにある。審判と判定に最大限の敬意を払い、全力でフェアに戦う。

その精神がJリーグ、日本サッカー協会が目指すサッカーである、と強いメッセージを込めました。久米はその思いを形にするために、イギリス皇室の御用達でもあるロンドンの高級宝石商「ガラード」へ赴いて、実際のデザインや費用の交渉を1人で担当していました。費用を心配しているようでしたが、お金の話はいいから、納得するいいものを作ろうと言いました。

シャーレの上部中心は選手と審判、銀皿の周囲は勝利を示す月桂冠が描かれ、勝利をイメージした絵や、その他「タックル」「パス」「フリーキック」などのシーンが描かれています。

「J1」の優勝チームに王者の証しとして贈られる直径約55センチ、重さ約6キロのシャーレに込めたフェアプレーの精神や夢は、その後、ＦＩＦＡ（国際サッカー連盟）管轄の大会で、選手たちが体現してくれたと思います。

実は、ＦＩＦＡが毎年贈る「フェアプレー・トロフィー」の第1回受賞者は、68年のメキシコ五輪で銅メダルを獲得した日本チームでした。メダルと共に、大会期間中6試合でイエローがわずか1枚というクリーンなプレーだけではなく、現地での振る舞いもとても好感を持って見られたと聞いています。

男子の代表では、12年のロンドン五輪でメキシコに次ぐ4位となった際にフェアプレー・トロフィーも受賞しています。

11年、東日本大震災の年には、女子代表のなでしこジャパンがピッチでのフェアプレーとともに、被災地を勇気付けたとしてこの賞を受けました。あの当時、審判に敬意を払い、フェアプレーを貫く、とシャーレに込めた思いは形になって表れ、世界中で認められ、嬉しく思います。

久米はスタジアムでも、どこでも会えば、必ず笑顔を浮かべてあいさつに来てくれる、そういう男でした。18年、まだ63歳だというのに病気で亡くなりました。Ｊリーグの優勝

14のイラストが施されたシャーレ。最上部にはスポーツマンシップを象徴する審判と選手の握手が刻まれている（右の写真）©BBM

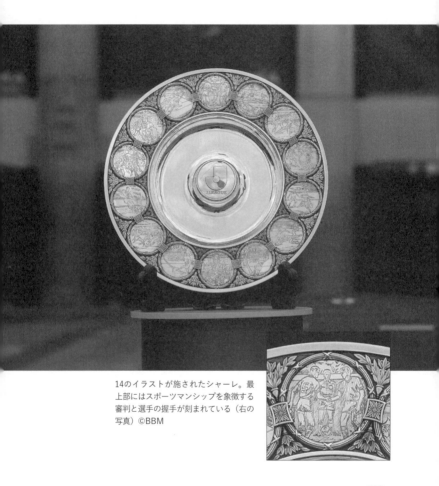

クラブに贈られるシャーレが、日本とロンドンを往復して奔走してくれた苦労によって作製されたのを改めて思い出し、優勝チームが掲げるたびに、久米が、「川淵さん！　完成しました」と報告してくれた時の笑顔を思い出します。

# あの時の言葉——4

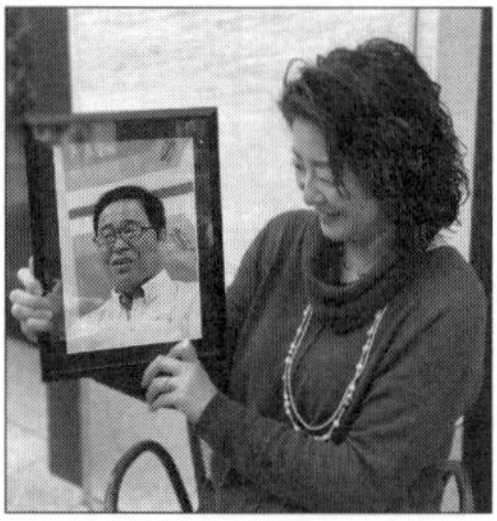

［Jリーグの象徴“シャーレ”を作成した久米一正氏の夫人］

## 久米 愛（52）

くめ・あい◎愛知県出身。一正氏は中大から日立製作所に入社。西野朗氏と活躍した。Jリーグ初代事務局長からゼネラルマネジャー（GM）の先駆者に。96年から柏、03年から清水で、08年に名古屋で初めてのGMとなった。18年に清水に復帰したが、63歳で急逝。

　名古屋でクラブの運営アルバイト時代に知り合った愛さんと13年に結婚。現在は社会福祉士として青少年の自立支援事業に携わる。

## 「選手たちがJリーグのシャーレを掲げる度に、何回も聞いた話なのに、いつもワクワクした」

Jリーグのシャーレ（銀皿、マイスター・シャーレ）については、夫の話を何回聞いたか分かりません。夫が講演で使ったレジュメにシャーレの写真の上に「川淵初代チェアマンの思い入れ」と書かれた、メモがありました。

夫はJリーグ初代事務局長として、川淵さんから、ウインブルドンのシャーレをイメージした優勝杯をJリーグでも作れないか、と一任され、シャーレを作成する宝飾店、ガラード（英王室のご用達宝石商）を訪ねたそうです。

川淵さんは、夫にデッサンのような下絵を描いて渡していて、シャーレの周りには勝利の象徴として月桂樹があしらわれ、14の円の中にそれぞれサッカーのシーンが描かれています。一番上は、審判を中央に選手同士が握手している絵、一番下にはシャーレを掲げる歓喜の様子が彫られています。

この絵は、審判へのリスペクト、相手へのリスペクトがあってこそサッカーが始まる、一番大事なフェアプレーをシャーレの一番上に描こう、と川淵さんに言われて作成した絵で、そのメモに、川淵初代チェアマンの思い入れ、と書き込んでいました。夫は、この1枚でJリーグが大切にする精神全てを表すなんて、やっぱりあのオヤジさんはすごいよなぁと言ってました。

見積もりの結果、相当な金額がかかります、どうしましょう、と報告すると、「久米、お金の話はしなくていい、いいものを作ろう」と決断されたそうです。

銀ですから重さも重要で、実際にスーパーでお米を買って、2キロ、3キロ、6キロなど、米袋をシャーレに見立てて揚げてみた結果、疲れ切った試合の後でも心地よい重さは6キロだったんだ、と言っていました。

米袋をシャーレに見立てて？　と私も笑いました。でも、当時の関係者の皆さん、夫が、ただ注文をするだけではなく、選手が疲れていたら、とか、あまり重いとセレモニーとしてどうだろう？　とか、初のプロリーグの象徴となる銀杯に、どれほどの思いを込めたんだろう、と胸が熱くなりました。

この話は、もう毎年、優勝シーンを見る度に始まる夫のちょっとした自慢話で、私も優勝チームが決まると、さぁ、今年も始まるぞ、と心の準備をしたほどです。それでも夫の描写はいつもイキイキしていて、もう聞き飽きたなんて思えず、同じ話を何回もワクワクしながら聞いていました。

GMだった名古屋で2010年にようやく初優勝し、シャーレが約20年かかって、やっとオレのところに帰って来た、本当に嬉しかったと言っていましたし、シャーレにちゃっく、「KUME」って彫っちゃおうか、なんてジョークも言っていました。せっかく米袋で練習したのに、1人でシャーレを掲げたシーンの記念撮影をしなかったそうで、もったいなかったなぁ、もう1回優勝するしかないか、なんて茶目っ気たっぷりで言っていました。夫にとってシャーレはJリーグの理念、日本サッカー界の夢の全てが詰まった1枚だったと思います。その思いを胸に、柏をはじめ清水でも名古屋でも仕事をしたんじゃないでしょうか。

闘病が始まった時、入院した部屋は、階数の次が36号室でした。Jリーグの立ち上げに奔走し、ことあるごとに相談し、激励して下さった敬愛する川淵さんのお名前だと夫は大喜びして、おー、サブロウさんじゃないか、オレ、何か病気にも勝てるような気がして来たよ、と笑っていました。

30周年の今年、どのチームがシャーレを掲げるのか、天国から見守る夫と共に、楽しみにしています。

10年に名古屋がリーグ初優勝。日本サッカー協会技術強化委員も務めた久米氏の思いが詰まったシャーレを、ストイコビッチ監督が掲げた ©BBM

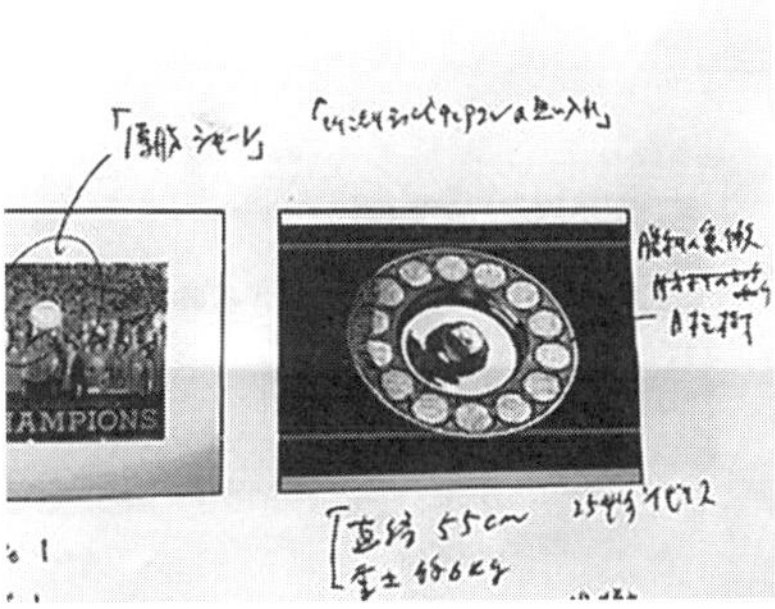


久米氏が講演で使うために準備した資料に書かれた「川淵初代チェアマンの思い入れ」のメモ

# 5 地域密着を叶えた自治体とのパイプ作り

## クラブの数は30年で10から60に

Ｊリーグが30周年を迎えた大きな手応えのひとつは、全国に広がったクラブ数でしょう。23年シーズンでは、47都道府県のうち、41にＪクラブがあり、クラブのない6県でも、三重（ヴィアティン三重）、高知（高知ユナイテッドＳＣ）にはＪ３クラブライセンスが交付されていて、福井、滋賀、和歌山、島根４県にもＪリーグを目指そうとするクラブが存在しています。

全都道府県にＪクラブがある光景は、現実となったと言っていいでしょう。

30年経った今でも、思い出す会見があります。

Ｊリーグが開幕する前、10チームの初代参加クラブを決めている頃でした。Ｊリーグの将来的な目標について質問され、47各都道府県に2つと計算して94、だからひとまとめで１００クラブにしたいと答えました。すると、会見場に冷めた空気が漂ったのをよく覚えています。

当時は、Ｊリーグもまだ始まっていないので、スタートの10クラブだってうまく行くか分からない、チェアマンは一体何を言っているんだ？　といった冷ややかな反応で、100クラブと意気揚々と答えても、誰も相手にしていなかったのです。

それが30年経った23年シーズンは、Ｊ３まで60クラブにまでに広がった。もちろん、将来に向けて、ただクラブ数が増加すればいいとは思っていません。しかしあの時、会見場に漂った冷ややかな反応に対して、ホラ見てみなさいよ！　だから言ったでしょう？　といった思いです。

開幕から何年後かに受けたインタビューではこう答えていました。10年後、16クラブになっていたら満足です、と。実際に03年のＪ１は16、99年に始まったＪ２は12クラブと合わせて28となって10年目の地点を通過しています。予想をはるかに超える勢いでここまで来られたのは、Ｊクラブで町を活性化する理念が、それを実現して下さった方々の情熱や実行力で日本中に浸透したからです。

僕としてはもう満足以上、大満足です。

## キーマンである首長との関係構築を図る

Ｊリーグ以前、日本のスポーツ界にはなかった概念のひとつが、スポーツクラブの地域密着です。Ｊリーグが、新しい理念として掲げた「地域に根差したスポーツクラブ」とは、ホームタウンの市民、行政、企業が三位一体となって支援体制を持ち、その町に中心的な存在として発展するクラブを意味しています。60ものクラブが広く、深く全国に浸透したこの30年を支えて下さったのは自治体です。

サッカーがそうだったように、日本のスポーツは企業スポーツを中心としていました。企業が、会社の宣伝・広報活動の一環として運動部を持ち、応援によって職場の一体感、会社と社員家族との連帯感をも醸成する。ですから、社員の応援はあっても、地域をあげての応援ではなかった。

これまでにない新しい地域密着の概念の定着のために時間を割き、考え尽くしたのが、理念とＪクラブを支えてくれる自治体とのパイプ作りでした。スポーツが企業の枠を飛び出した時、それを受け入れ、長く支える基盤を作るのは自治体です。Jリーグがプロスポーツとして新しく築いたパイプは、自治体、なかでも首長との連携にほかなりません。

Jリーグにひとつの大きな突破口を開けて下さったのが、横浜市の高秀秀信市長（当時）でした。どこよりも早く、横浜にプロのサッカーチームを持ちたい、と公言してくれたのも高秀さんでした。

企業から地域へ、といっても、各自治体の首長さんの間には、当初、三位一体とは、具体的に自治体は何をすればいいんだ？　とか、サッカーのためだけに税金を投入して反発を受ける、といった否定的な意見は多かった。地方行政におけるスポーツとは、国民体育大会（24年から国民スポーツ大会に改称）の誘致を中心としたスタジアム建設でしたから、サッカーのためだけに資金を投じるなど想像もできなかったでしょう。

そうした状況で、高秀さんに、Jリーグの理念を説明し理解して頂くために、迫力を持って説得できるとすれば自分しかいない、と腹を決め、横浜市を訪ねて市長にプレゼンをしたのです。

サッカーのためだけに1万5000人のスタジアムへの改修、芝を入れるようにお願いするのではない。そこに我が町のクラブが誕生すれば、老若男女が応援するために集まり、活気づく。そしてクラブが愛され、子どもたちが選手になるだけではなく様々な夢を持てる。将来利益を上げたら、老若男女がいつでも楽しめる各種のスポーツ施設を作っていく。その町の心豊かな生活の拠点として、クラブが基地となるのです、と。

僕のありったけの情熱を込めた話に、高秀さんはじっと耳を傾けて下さり、それが終わると即座に、「素晴らしい、分かりました。1万5000人収容のスタジアムに改修しましょう」と言われた。目の前がパッと開けるような思いでした。

加えて横浜市は、10クラブでスタートしたオリジナルの中で、横浜マリノス、横浜フリューゲルスとのダービーも実現し、先陣を切ってくれた。横浜市の取り組みは、Jリーグの設立時に、全国に高々と鳴り響いたキックオフのホイッスルとなりました。

日本社会は、良くも悪くも、横並びの面がある。それを理解したうえで、新しい取り組みの際には良き前例をいかに作り、その魅力をいち早く発信していくかが重要になる。自治体の長をキーマンにしたのは、Jリーグの新しいアプローチ法でした。

スポーツ団体のトップには、企業のトップセールスマンとしての営業力がもっとも必要

開幕シーズンから実現したマリノスとフリューゲルスによる横浜ダービー。今では「ダービー」という用語も一般的になった ©BBM

なのだと学び、後にBリーグを立ち上げる際にもこうしたパイプに本当に助けられました。

# あの時の言葉 ― 5

［歴代最長任期を務めた
Jリーグ第5代チェアマン］

## 村井 満（63）

むらい・みつる◎1959年生まれ、埼玉県出身。早稲田大卒業後、83年に現・リクルートに入社。2011年に現地法人 RGF Hong Kong Limited 社長に。08年から13年までJリーグ理事を務め、14年にチェアマンに就任。22年の退任まで4期8年は歴代最長。新型コロナウイルス感染症拡大時に専門家、プロ野球と連携し、日本スポーツ界を束ねた。現在、日本バドミントン協会副会長としてガバナンス改革に臨む。

## 「川淵さんの講演を文字起こししながら、理念がまるで写経のように沁みて行った」

今でも手弁当で作ったチラシ、こうして大切に持っているんです。2013年6月、近所の友達10人ほどと一緒に立ち上げた一般社団法人「Jリーグの理念を実現する市民の会」で、川淵さんに浦和駅にある商業ビルのホールでの講演をお願いした時のものです。

当時は、リクルート本社の執行役員で、RGF Hong Kong Limited（香港法人）社長として単身赴任している時期で、帰国すると、浦和の町に赤い旗は見えましたし、熱烈なサポーターも多くいましたが、サッカー文化が町に根付いているかといえばそこまではたどりついていないように感じていました。

香港では、バーに行けば、もうプレミアリーグ一色で、飲んじゃあサッカー談義、レストランで観るのもサッカー。ハッピーバレーという競馬場の真ん中ではいつもサッカーをやっている。そんな環境にいたので、浦和がJリーグの理念、地域密着の手本になろうじゃないかと、地元の友人たちと講演会を企画したんです。

いわば〝リアル川淵さん〟に講演をお願いした時、Jリーグの社外理事だった私のことなどご存知なかったでしょう。私たちには資金もありませんでしたから、講演料も払えません。それでも、「いいよ、行くよ」と快く受けて下さった。

講演会は400人くらいが集まってもう大盛況。講演だけでも最高に光栄なのに、町中華での懇親会にも参加され、浦和をサッカーの街に変えるにはどうすればいいか、なんてサッカー談義にも加わってもらい本当に嬉しかった。

その時、川淵さんの人柄、講演にもの凄く魅かれて、講演の口述記録を一気に起こしたんです。3秒聞いては止めて、また聞いて、ひとつひとつの事実や歴史を確認して打ち込んでいると、講演の中に出てくる理念がまるで写経のように沁みて行く気がしました。そうするうちに理念を完璧にそらんじてしまって、1カ月後に講演記録をお渡しする頃には、Jリーグの理念や哲学を自分の言葉でも表現できるようになっていました。

それからわずか7カ月後の14年1月、手作りのチラシを街で配って人を集めていた自分が、まさかチェアマンに就任するなんて想像すらできませんでした。まして、歴代のチェアマンとは違い、Ｊクラブで代表者を務めた経験はありませんでしたから、縁とは不思議なものです。

任期中は波乱万丈、様々な問題に直面しました。就任してすぐ、浦和で人種差別を想起させる横断幕が掲げられる問題が起き、Ｊリーグ史上初の無観客試合を裁定し、20年から任期が終わるまでの3年は、世界中を不安の渦に巻き込んだ新型コロナウイルスという未知の感染症との闘いも強いられました。

しかし、川淵さんの講演を初めて聞いて、その記録をテープを聞いては止め、止めては聞いてまとめた際に、まるで写経のようにそらんじた理念があったので恐れるものはなかった。

・日本サッカーの水準向上及びサッカーの普及促進
・豊かなスポーツ文化の振興及び国民の心身の健全な発達への寄与
・国際社会における交流及び親善への貢献

難しい問題に向かうたびに、これら体に沁み込んだ理念を、私は般若心経のように1000、2000回と唱えたでしょうか。それが私を支えてくれたから、難題にもブレずに取り組めたのだと思っています。

川淵さんと話をしていて「サッカーのために」とか、「Ｊリーグの将来のために」と聞いた試しがありません。どうしてサッカーではなくスポーツなんだ？――そんな謎ときに、原さん（博実、Jリーグ元副理事長）と2人で、川淵さんが64年の東京五輪を前に見た原風景、ドイツのデュイスブルクのシューレ（スポーツ施設）まで視察に行きました。

チェアマンを退き、今、日本バドミントン協会の改革に携われるのも何かの縁でしょう。Jリーグの設立、バスケットボールの大改革を重ねて、川淵さんならその時その時に、どんな手を打って来るんだろう、何を発信するだろうなどと想像します。サッカーのため、と言わなかった理由をバドミントンでの仕事の中でも大切にしていきます。

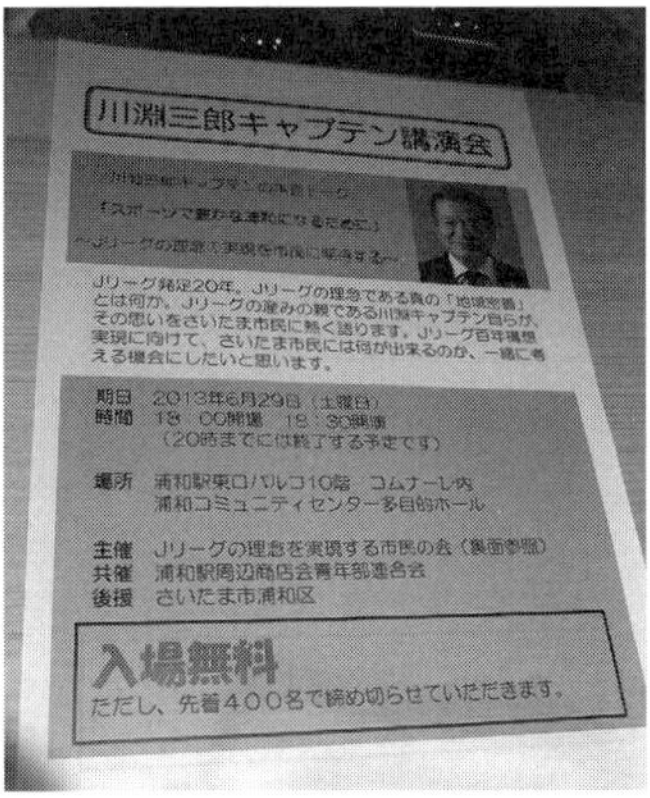


村井氏が企画し、今でも大切に
持っている講演会のチラシ

# 第3章

# 日本でもっとも注目される集団・日本代表を作る

# 1　初のプロ外国人監督で臨んだW杯予選

## ハンス・オフトに94年W杯の出場を託す

Jリーグの設立を目指し、慌ただしく準備に動いていた91年、並行して日本サッカー協会強化委員長の重要なポストを引き受けました。プロ化は、まだ出場を果たせなかったW杯につながる強化のためでもあったからです。プロ化と代表のレベル向上は、強豪国のスタンダードでもあり、これまで日本サッカー界になかったこの新しい両輪を、何とか回転させたいとの気持ちが強かった。

強化委員長に就任した時、副会長だった長沼健さんと岡野俊一郎さんは、強化責任者である僕の要望は何でも受け入れるからと、そんな約束まで取り付けて、チェアマンと強化委員長の兼務を始めました。

僕らの時代に、デッドマール・クラマーさんが初めて外国人コーチとして指導を始めましたが、選手はみなアマチュアでした。

強化委員長となった翌92年には、日本代表監督として初めての外国人監督となるオランダ人の（ハンス）オフトと契約を結びました。オフトをスタートに、僕はその後、ジーコ、オシム、そして岡田武史各氏と、4人もの日本代表監督と契約を結びましたから、任命責任者としてこれだけ多くの代表監督と仕事をした例はあまりないでしょう。

協会には当時、外国とのパイプなんてそれこそ1本もありませんから、日本リーグでもヤマハを天皇杯優勝に導き、マツダも1部に昇格させるなど、日本での経験も豊富だったオフトを選んだのです。

もうひとつ、日本代表に初めてプロ外国人監督を招へいした理由があります。アマチュアからプロへと移行する激動期にあった日本代表で、ラモス瑠偉、ブラジルから帰国したカズ（三浦知良）たちのように、公然とサッカーについて進言する、或いは待遇改善を主張するプロ選手たちを、日本人監督がまとめるのはとても難しいと感じていたからです。

クラマーさんと同様、基礎練習をとても大事にするオフトの指導は、当時の日本代表にはうまくマッチしました。以前はアジアのタイトルに全く手が届かなった日本代表が、オフトが就任した92年8月には、アウェーの北京で行われたダイナスティカップで初優勝し、この年のアジアカップでも初優勝。93年のJリーグ開幕と並行して、初出場をかけた94年W杯アメリカ大会に向かって進み出しました。

## 記憶さえ途切れたドーハの悲劇

Jリーグの爆発的な人気を追い風に、それまで大きな注目を浴びなかった日本代表、サッカーの頂点にあるW杯が広く知られ、勝敗に注目が集まり、時に批判もされる。日本スポーツの新しいシンボルとしての日本代表が歩み出したのもこの時期でしょう。

この頃は今のホーム&アウェー方式ではなく、6カ国が1カ所、ドーハに集結して行う最終予選で、団長を務めました。勝てば、日本サッカー界悲願のW杯出場が叶う最後のイラク戦。残り時間を示すスコアボードの時計は間違いなく0になった。ヨシッ試合終了、終わった！　と思ったのに、アレ？　笛が鳴らないじゃないか。後で聞くと、試合中にピッチにサポーターから缶か何か投げ込まれて、主審が拾って外に出した分の数秒を取ったという。そんな行為がロスタイムに繋がり、ドーハの悲劇になるなんて。

あまりのショックに、記憶はあそこでブチっと切れてしまい、ＣＫで直接ゴールが入ったとばかり思っていました。試合後、ホテルからかなり離れた場所で表彰式があり、日本も全員出席して欲しい、と、ＡＦＣ（アジアサッカー連盟）から指示が出ました。しかし、自分すらショックで動けないのに、選手を連れて行くなんて考えられない。

個人表彰も行われると聞き、キャプテンの柱谷（哲二）に、一緒に行ってくれるか？と頼んだら、「スミマセン、これだけは勘弁して下さい」と言う。そりゃそうだよな、と、ＡＦＣにも許可をもらい協会関係者3人だけで会場に入った瞬間、そこで流れていたビデオ映像に、エーッ、と絶句しました。ＣＫで直接1点取られたのではなく、ショートコーナーからの失点だったとその時初めて分かったからです。

テレビを観ていた皆さんからすれば、目にした通りでしょうが、僕自身、長くサッカーと過ごしてきたなかで、どう失点したかを現場で見逃すなんてあるわけないのです。あまりの衝撃に、イラクの選手がＣＫを蹴ったところも分からない程、記憶がなくなってしまっていたのです。30年経った今でも、ドーハの試合後をほとんど思い出せません。帰国する際に空港で、選手たちを励まそうと何かを話したようですが、それも自分では覚えていない。

今なら、終了間際に徹底してサイドでキープするとか、時間をうまく使いますが、当時の日本代表はそこまで成熟していなかった。

後になって、あの試合の意味や、かつてないほどW杯に接近し、手をかけてくれた代表選手たちの踏ん張りを何とか未来に繋げたいと懸命に考えました。あの試合の視聴率は、実に48％。この30年で、スポーツ観戦のツールも変わりましたが、今でもアジア予選でのこの驚異的な数字は超えられていません。サッカー界にはその後、歓喜や奇跡も起きましたが、人々は悲劇に釘付けになったんです。

日本中がひとつになって、代表チームを応援し、W杯という大会がどれだけ大きな価値を持っているかを初めて知って頂けた。あの悲劇は、日本サッカー界にとって反撃の狼煙（のろし）だったのではないか。あそこでスンナリと行けなかったから、サッカー日本代表は再起する力を発揮し、皆さんに愛されたんじゃないか。

サッカー日本代表の選出がニュースのトップで扱われ、深夜、朝方の試合も観戦してもらえる。日本でもっとも注目される魅力ある集団としての日本代表の形を作ってくれたのが、あの代表だったと現場で悲劇を経験した者として彼等に感謝してきました。あの後、日本代表が7大会連続でW杯に出場できる国になるための、強い基盤を作ってくれたとの思いです。

22年11月、ドーハで行われたW杯での代表が、あの悲劇は、悲劇だけで終わってはいなかったのだ、と改めてその価値を示しました。29年もの気の遠くなるような時間をかけた長い物語の世界を驚かせた結末は、私たちが呆然と立ち尽くしたあの時のピッチでは想像すらできませんでした。

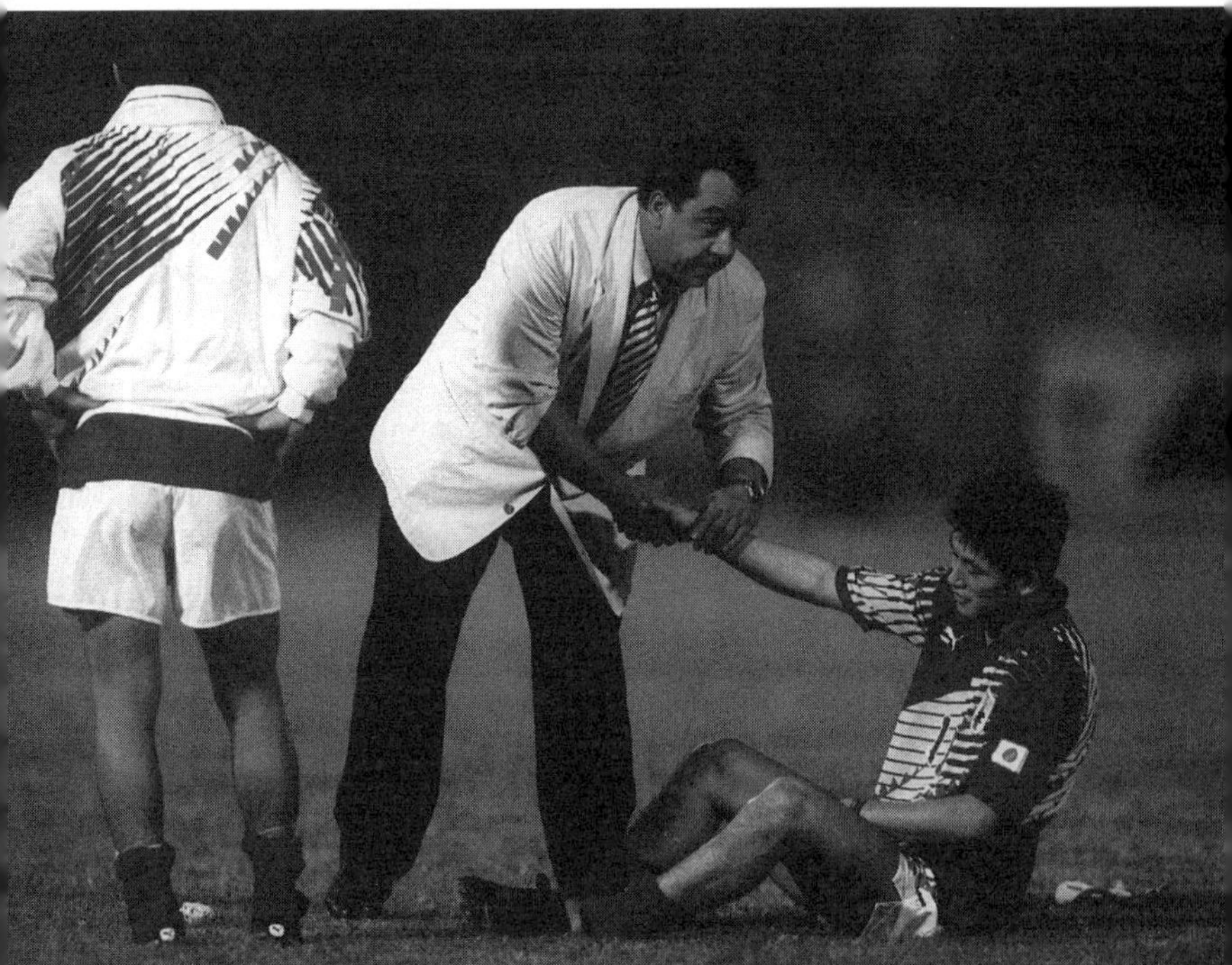

W杯アメリカ大会アジア最終予選のイラク戦が終わり、ピッチに座り込んだカズを労うオフト監督 ©BBM

## あの時の言葉 ― 6

［サッカー元日本代表／ブリオベッカ浦安監督］

### 都並敏史（61）

つなみ・さとし◎1961年生まれ、東京都出身。深沢高卒業後に日本サッカーリーグ時代の読売サッカークラブトップチームに昇格し、ヴェルディ川崎となった93年Ｊリーグ開幕戦に出場、黄金期を支えた。主に左サイドバックで、日本代表でも78試合に出場。左足首骨折で出場機会はなかったが「ドーハの悲劇」を経験。引退後は、Ｊリーグ仙台、Ｃ大阪、横浜FCで監督を歴任し、現在はJFLのブリオベッカ浦安で監督。

# 「もうサッカーはいい、とまで思っていた時、掛けられた言葉は今も忘れない」

ドーハの悲劇、と言われるけれど、それは周囲の表現であって、オレたち当事者には、とてもじゃないけれど、悲劇なんて言葉で表現できる試合ではなかった。みんな、試合終了直後から、どうやってホテルに戻ったか、どんな風に帰国したのか、記憶がところどころ飛んじゃって、30年経った今でも空白が埋められずにいるくらいですから。

でも、帰国する搭乗ゲートの前で、川淵さんが団長として、ちょっと集まってくれ、と言って話をしてくれたのは、忘れようもないほどはっきり覚えている。

川淵さんは「帰国して批判を真正面から受け止めよう、日本サッカーのために君たちが引っ張っていかないといけないんだ」と話しました。正面じゃなく、真正面と聞いた時に、自分はハッとさせられた。

落ち込んで、呆然とし、顔も上げられないような気持ちでいましたし、恐らくみんなが、もうサッカーはいいや、とまで思っていたんじゃないか。今の日本代表であれば、気持ちを切り替えて次の目標に向かって進もう、この敗戦を次につなげるんだ、と、選手が思えるほど経験も積んでいるし、ファンやメディアもそう言うでしょう。でも当時は、これで全てが終わった、と考える時代でした。

そんな時、雲の上のような存在だった団長が、自分たちと同じ気持ちで戦い、日本サッカーを引っ張れ、と言ってくれたのが嬉しかったし、顔を上げて、超前向きに帰ろう、と自分は思いました。言葉に芯があったからです。

あの時は、左足首を骨折し、それでも最終予選に選ばれたからにはドーハで出場したい、と懸命に練習したけれど、結局出場はできなかった。でもあの言葉に、もう1回再起しようと覚悟を決めて、帰国後手術を受け、1年もリハビリに取り組みました。止まっちゃいけない、と、いつもあの言葉を思い出して自分を鼓舞しながら。

1980年のW杯スペイン大会のアジア予選も忘れられません。19歳で日本代表にデビューできてまだ3試合目のマカオ戦で、もう気持ちばかりが先走っちゃって、前半17分に

## あの時の言葉—6

スライディングをした際、相手と乱闘になってしまった。そのままレッドカードで退場になり、スタジアムは騒然として、ごみやビンが投げ込まれて……翌日、事情聴取を受けるために、川淵さんと一緒に懲罰委員会に出向くことになりました。

「いいか、退場は絶対にいかんのだから、とにかく何か聞かれたら、I'm sorryと答えて、反省の姿勢を見せるんだぞ」と注意をされたんです。川淵さんは会議でもスラスラと英語で受け答えをしていましたが、オレは英語も分からないから、言われた通りに、何か聞かれたら、I'm sorryとひたすら繰り返しました。

話が終わって部屋を出ると、「コラ！　お前は何しとんじゃ！　何でもかんでもI'm sorryって、向こうはからかわれてると思うだろ、ばっかだなぁ！」と、ボコっと頭を叩かれました。それで、今度は川淵さんにI'm sorryです。

でも、ホントにあったかくて、愛情があって、今でもあんな風に怒られたのがちょっと自慢で、思い出し笑いしちゃいます。

たとえ悲劇に遭っても、気持ちを切り替えてまだまだ成長するんだ、と、空港で背中を強く押してくれた言葉で、オレも、日本代表も、日本のサッカーも、悲劇で止まらずに進んできたんだと思っている。だから、遠回りはしましたが、自分も今、浦安で選手、スタッフ、地域の皆さんと一緒に、こうしてロマンのある仕事ができていると感謝しています。

今になるとつくづく思うんです。自分も、誰かがどん底にいる時こそ、あの時の川淵さんのように、強い言葉を掛けてあげられる人間でいたい。芯があって、あったかい、そんな男になれたらいいな、と。

## 2 日本サッカー界初の「更迭」人事

### フランスW杯最終予選での決断

ドーハの悲劇が、実は次のW杯（98年フランス大会）への逆襲に繋がった、と思えたのは、まだまだずっと後の話で、97年のアジア最終予選にも一層厳しい道のりが待っていました。

日本代表がドーハの悲劇で大きく変わったとすれば、それは監督を選ぶ私たち任命者の側にも、目前の試合だけではなく、W杯という目標に照らし合わせ、アジアの予選をどう戦い抜くか、それができる監督なのか、選手とはどんな関係なのかといった、それまでにはなかった具体的な判断基準が求められるようになった点でしょう。

それまで代表監督は、企業の間の話し合いや委員会で決まり、何となく退任する存在でした。しかし目標のためなら、解任のカードも時に抜くんだという選ぶ方の緊張感、アマチュアスポーツ界にはなかった選択肢をくしくも日本代表が見せる結果となりました。

自分が任命者でなかったとはいえ、98年に向けて始まった97年のアジア最終予選では、本当に大きな決断を迫られました。当時の会長は長沼健さんで、僕は強化担当の責任者として副会長を務めていました。

アジアで初のホーム&アウェー方式が導入された厳しい最終予選で、当時の強化委員長だった大仁邦弥(後に会長に就任)、サンフレッチェ広島でGMを務め、副委員長だった今西和男の2人からは、国立競技場での日韓戦での逆転負け直後、監督交代の話が直接ありました。そして翌週、中央アジアシリーズの初戦、アルマトイでのカザフスタン戦で終盤に追いつかれ引き分けに終わり、監督交代を2人から再度迫られたのです。

加茂監督を任命した長沼会長には、解任の決断は難しかったはずです。私が長沼さんに説明し、長沼さんが直接、加茂監督に解任を伝えました。予選の最中に監督を更迭するなど、日本サッカー界で初の人事でした。

## 加茂監督の立ち居振る舞いと岡田コーチの覚悟

オフトに契約解除を伝えた際、彼は「日本代表のさらなる進化のために」と、一切不満は言わなかった。その態度にプロとしての矜持を見ました。

加茂も、言い訳や不満は一切口にしませんでした。日本人のプロ監督として、どれほどW杯に行きたかったでしょう。その気持ちはよく理解できましたから、あの毅然とした立ち居振る舞いには今も敬服しています。

加茂を更迭し、クラブでの監督経験もない、まだ41歳の岡田コーチを監督に昇格させましたが、彼は、「自分は加茂さんに呼んでもらったのだから監督なんて絶対できません、一緒に辞めます」と譲らない。早大のサッカー部で、岡田を古河電工に引っ張った経緯もあったので、会社の上司みたいに、「できないじゃないんだ、やるんだ!」とばかりに無理に説得し続け、しぶしぶ受けてもらった。岡田も筋を通す、そういう男です。しかしそうと決心したら、こんな状況で無理です、とか、自分には監督経験もありません、など、言い訳を一切せず本当に立派でした。

あの時、解任が意味するインパクトやスポーツの勝負の厳しさを、サッカー日本代表

97年10月、フランスＷ杯アジア最終予選の最中に加茂周監督が更迭。岡田武史監督（写真）が引き継いだ ©BBM

は、ドーハの悲劇とは又違った形で日本中に示したのかもしれません。

## あの時の言葉 —7

［W杯で代表監督を2度務め、南アフリカ大会で16強］

### 岡田武史（66）

おかだ・たけし◎1956年生まれ、大阪府出身。早稲田大卒業後、古河電工で日本代表にも選出。引退後、95年に日本代表のコーチに。97年のフランスW杯アジア最終予選中に監督となり、初の本大会出場を果たした。横浜F・マリノスの監督時、初の3ステージ連覇。07年から再び日本代表監督に。10年南アフリカ大会で16強進出。J3・FC今治会長、23年4月にはFC今治高等学校里山校の学園長に就任。

# 「僕にとって川淵さんは会社の上司、サッカーの先輩、監督としての師匠というより親父さんです」

印象に残るのは1997年、W杯フランス大会のアジア最終予選でのシーンです。中央アジアの2連戦の初戦、カザフスタンにロスタイムで引き分けにされ、ホテルの一室には、それは重苦しい空気が漂っていました。加茂（周、監督）さんが辞められるのに、その下でサポートしきれなかった自分がチームに残って、しかも監督をするなんてあるはずがない。「辞めます」と言ったら、加茂さんに呼ばれ、「いや、岡ちゃん、お前がやるんだ。頼むぞ」と説得されました。

ホテルの部屋では、加茂さんを監督に任命した長沼（健、当時会長）さんが腕組みをして、じっと目をつむっていらっしゃった。当時はスポーツの監督の更迭、解任なんてなかった時代です。まずは休養、その後代行を置いて退任といった流れでした。

そうした流れを考え、「加茂さんが責任を取って辞任するのではダメなんでしょうか？」と聞いたんです。長沼さんも多分、そう思われていたんじゃないでしょうか。

武士の情けではありませんが、日本にはそういう風潮があるところ、川淵さんは間違いなく心を鬼にしたんです。ドーハの悲劇という日本サッカー界の悲劇を現場で経験した強化委員長として心を鬼にして、「日本サッカー界、W杯初出場を叶えるようチームを立て直すには解任なんだ」とおっしゃった。あの時の部屋の空気、川淵さんの強い言葉は、あえて言うのであれば、W杯出場を決めた瞬間以上に、今でも強く記憶に残っています。

実際に後になって、こんな話を教えられました。

代表の活動をずっとサポートして頂いていたある会社の社長が、W杯出場を祝ってスタッフや家族を招いてパーティーを催して下さったんです。社長が僕のところに来て、加茂さんの解任のニュースを聞いた時、「キミみたいに経験もない若僧に何ができるか、最後は経験なんだ。協会は判断を間違ったと思った。ところが解任という荒療治があって、未経験で若僧のキミがW杯まで行ってしまった。

若い人に経験がないからできないと考えるのは間違っている。あえて解任を選択し、経

## あの時の言葉
## —7

験のない若者が力を存分に発揮したのを見られたから自分も社長を退任する。後進に譲るんだよ」と。

僕は、加茂さんがまかれたタネの刈り取りをしただけでした。しかし川淵さんが心を鬼にしたインパクトは、W杯出場だけではなく、実は社会に対してもの凄く大きかった。その例を目の当たりにしました。

今、この年齢になってみると、つくづく思うんです。

長沼さんや川淵さん、大仁（邦弥）さんは、未経験の僕によくも監督を任せたなぁと。あのとき一言も「あぁした方がいい、こうした方がいい」なんて僕に言わなかった。長沼さんは30代で代表監督になりメキシコ五輪で銅メダルを手にされ、川淵さんは古河電工、日本代表で監督をされ、お2人とも誰より経験を持っていたわけですから、僕に言いたい話は山ほどあったはずなのに、「あぁした方が……」などと一切言わなかった。

オーナー（FC今治）として、スタッフや現場に言いたいことが山ほどあります。川淵さんをはじめ幹部はどうしてあの時、僕に何ひとつ言わなかったんだろうな、どうやったらあんな風に経験のない者を信じて任せられるんだろう、あの胆力ってどこから来るんだろうと、今になって敬服します。

就職活動中には、早大の先輩である川淵さんに「古河電工に来いよ」と誘ってもらいながら、「いえ、僕はマスコミ志望ですから」と断りました。そうしたら、「じゃあ、マスコミに落ちたら来いよ」と。だから落ちた瞬間に自動的に古河電工入社が決まりました。マスコミに合格すれば、サッカーはもうやらないだろうと思っていたら、何故か古河のサッカー部にいた。カザフスタンで加茂さんと一緒に辞めるんだと腹を決めたら、川淵さんに「やってくれ」と言われてW杯に行った。（イビチャ）オシムさんが倒れられた時は、「お前ならやれる、お前も会長の自分もここはやるしかないんだ」と説得され、再び代表監督になった。

何かがあって自分がサッカーから離れようとすると、いつも川淵さんが目の前に登場されて、またサッカーに戻される。そういう不思議な関係でした。

お宅の引っ越しを手伝ったり、家が近くて、二女の英子さんと通勤電車でよく一緒になって、川淵さんに「いいか、英子には近づくなよ」なんて冗談を言われたり、サラリーマン時代もよく飲みに連れて行ってもらいました。職場の上司、サッカーの先輩とか、監督としての師匠というより、僕にはずっと親父さんみたいな人でした。

僕たちの里山スタジアムのこけら落としはコロナ禍もあって来て頂けなかったので、ぜひ一度、今治にも来て頂きたい。そこでご案内したいと願っています。

## 3　海外組第1号を生んだストーリー

### 旧友の力を借りて奥寺康彦をブラジルへ

１９７６年は、古河電工の監督として最後の年でした。

当時はライバルの三菱重工など他のチームでも、有望な若手選手をブラジルや海外に研修と称して出していたので、将来的にいい選手を集めるためにも新しい取り組みにチャレンジをしなくてはと考えていました。そこで、うちのチームなら伸びしろがあって将来が楽しみな奥寺康彦を出そう、と三国丘高校サッカー部時代からの同級生で、ブラジルの久保田鉄工（現クボタ）に赴任していた親友の村田愃（ゆたか）に連絡を取りました。

当時の古河電工はブラジルに工場こそ持っていましたが、サッカーでのコネクションは何もありませんでした。村田なら駐在も数年経っていてブラジルの状況も、サッカーもよく知っているので頼ったのです。

高校の同級生とのそんな気軽な間柄から生まれた選手強化策が、その後の日本サッカーにも大きなインパクトを与える海外組第1号といってもいい存在が誕生することになると、この時、2人とも想像していなかった。

村田はすぐに色々と動いてくれて、サンパウロの超名門、パルメイラスに繋げそうだ、と連絡がありました。そこで奥寺を送る準備をしました。本来なら監督として自分もあいさつに行くところだったのですが、何しろ当時、ブラジルまではアンカレジを経由して2日近くかかっていた時代です。

そこで、早大から一緒で、古河の同期だった宮本征勝（鹿島アントラーズ初代監督）を一緒に行かせようと考えました。宮本は74年に古河で現役を引退し良いタイミングでもあったので会社に掛け合い、面倒な手続きもありましたが、海外出張扱いでとにかく送り出しました。

奥寺は入社後、腰を痛めてずい分苦しい思いをしたのですが、ようやく回復の兆しが見えた頃で、サッカー王国で揉まれて、是非とも一段上のテクニックを磨いてきて欲しい、そんな思いでした。

## 「手弁当の移籍劇」が現在の礎に

奥寺に、「お前にはスピードがある。フィジカルも強い。強烈なシュートも打てるけれど、ボールコントロールがいまひとつだから、ブラジルで十分に勉強して来いよ」と話すと奥寺は「エッ？　僕のボールコントロール、下手ですか？」と言う。

「下手だから、いつも特別に練習させているんじゃないか」と言ったのですが、納得していない様子でした。指導者と選手のコミュニケーションがいかに難しいかを示す、懐かしく、ユーモラスなエピソードです。とにかく2人をパルメイラスに送ったのは日本サッカーの将来に繋がる決断だったと、後に奥寺が立証してくれました。

フィジカル中心の練習の中でも、奥寺の持ち味のスピードは高く評価され、日本とは違って走った先の足元に素晴らしいボールが入る。それを収めるうちに、自然とボール扱いが上手くなり、2カ月ちょっとの留学から帰国すると、見違えるような選手に変わっていました。

この年日本代表に選出され、マレーシアのムルデカ国際大会では7得点を奪って堂々得点王になり、天皇杯決勝でも古河優勝の原動力となった。その活躍もあって、77年のドイツ遠征で「1．FCケルン」の（ヘネス）バイスバイラー監督に認められ、欧州の名門クラブ、それもブンデスリーグへの移籍を果たしたのです。

古河としても、彼の海外移籍を全力で応援しました。もちろんチームとしては大幅な戦力ダウンですが、何としても行って欲しかった。古河にとってマイナスだから行かないでくれ、だなんて、これっぽっちも思いませんでした。

その後も、ブンデスリーグで日本人として初めて優勝し、今のUEFAチャンピオンズリーグでゴールをあげた最初のアジア人にもなる大活躍を見せました。

22年のカタールW杯は、海外クラブに在籍する、いわゆる「海外組」が過去最高の19人にもなりました。98年、初出場のフランス大会には1人もいませんでしたから隔世の感があります。70年代、何とか海外のサッカーをせめて経験させてやらなくては、と、奥寺と宮本を、高校時代からの親友のアシストで名門に送り出し、そこからブンデスリーガーが誕生した。今思うと、手弁当で生んだ〝海外組〟1号と呼べるかもしれません。

奥寺が9年もドイツでプレーして得た日本人選手への高い評価は、今、欧州でプレーする選手たちにとって間違いなく礎になったはずです。古河電工には86年に復帰し、これもプロの前身、「スペシャル・ライセンス・プレーヤー」として、日産の木村和司と先陣を切ってくれました。

当時、日本体育協会や国体参加の問題が解決していなかったために、プロと大手を振っては名乗れませんでしたが、彼らのＪＳＬでの事実上のプロ活動が、Ｊリーグでの統一契約書を作成する際にも参考になりました。

契約書もなければ、代理人もいない。海外のコネクションもなければ、資金も乏しい。今では考えられないようなプロ化以前の時代に、有望選手を海外に送り出せたのは、チャレンジした僕も、村田も、一緒に行ってくれた宮本も、サッカーに携わるただ普通のサラリーマンたちが知恵を絞り、懸命にボールを繋いだ連携プレーがあったからでした。

77年にドイツへの移籍を果たした奥寺。78年には1.FCケルンの選手としてジャパンカップ（のちのキリンカップ）に出場するために来日した ©BBM

# あの時の言葉 — 8

［日本人ブンデスリーガー1号／海外組の先駆者］

## 奥寺康彦（70）

おくでら・やすひこ◎1952年生まれ、秋田県出身。70年に古河電工に入社。77年に1.FCケルン（ドイツ）に移籍し、ヘルタ・ベルリン、ブレーメンへ、9年間活躍。86年に古河電工に復帰し88年に引退。ジェフユナイテッド千葉の前身東日本JR古河サッカークラブのGM、ジェフユナイテッド市原の監督、横浜FCの会長を務める。現在は横浜FCシニアアドバイザー。

### 「チームにとっては大きなマイナスだが、日本にとってすごく大きなプラスになる」

古河電工に入ってから重いヘルニアに苦しんで、整形外科から東洋医学など様々な治療をして何とか復帰ができた時期でした。古河が当時、ブラジルに工場を持っていた縁で、サンパウロの名門クラブ、パルメイラスに1人出したいという話があると聞き、チャンスが巡って来て、1976年、当時監督だった川淵さんが送り出してくれました。

自分にはスピードと馬力はあると思っていたんですが、テクニックのレベルを上げようと意気込んでサンパウロに到着し、チームに合流すると、1週間のほとんどがフィジカルコンディションに当てられている。

何でフィジカルばっかりなの？　と聞いたら、技術はもうすでにあって当然なんで、試合でそれを十分出すためにコンディションを見ると言われて、拍子抜けしました。ただ、3対3のミニゲームや紅白戦でボールのもらい方、スピードの強弱、正確なトラップ、こういう技術を学べた。ドイツでやっていく自分の基礎を作ってもらい、大きな自信を得て帰国できました。

帰国してからは日本リーグのプレーがいかにゆっくりプレーしているか、局面でのスピードがないかなどを実感できましたし、日本代表に選出され、ムルデカ国際（76年、マレーシア）に出場すると、得点王を獲得し、これが1．FCケルンへの移籍のきっかけにもなった。

川淵さんは決して怖い監督ではなかった。僕ら若手の話もよく聞いてくれましたし、練習後には川淵さんの車で送ってもらうこともよくありました。

ムルデカ国際の翌年の77年に日本代表がドイツ遠征をしたんですが、当時代表監督だった二宮寛さんとケルンの監督のヘネス・バイスバイラーが親しい関係にあったので練習に参加し、その後、獲得の話が届きました。

妻は出産を控えていましたし、今と違って、海外組なんていません。もし海外のクラブに入れば、日本代表の活動にはもう参加できない。色々と迷って返事ができなかった時、

## あの時の言葉——8

当時の古河本社ビルの地下にあった喫茶室〝もん〟でランチ定食を食べながら、川淵さんに言われた話は覚えています。

「奥寺がいなくなるのは、古河にとって大きなマイナスだ、でも、奥寺自身と日本サッカー界にとってこんな大きなプラスはない。だから行け、行け」と。同時にバイスバイラーの強い誘いもあって決断しました。

一時帰国した際、川淵さん、八重樫（茂生）さん、長沼（健）さん、平木（隆三）さんら古河の大先輩の皆さんが招待して下さって、都内の高級レストランでご馳走になりました。皆さん、ドイツでの活躍を凄く喜んでくれて嬉しかった。

86年にブレーメンから帰国した際、「スペシャル・ライセンス・プレーヤー」という日本のサッカーでは初めての制度で、古河は自分と契約を結んでくれた。もし、あぁした新しいプロを認めてもらえなかったら他のチームに行ったかもしれません。古河はアットホームで本当に面倒見のいい会社で、サッカー部は特にそうでした。

横浜FCは、Jリーグ30周年の開幕戦をホーム三ツ沢で迎えました。景色は全く違いますが、三ツ沢のバックスタンド側には古河の社宅と、実はフットサルコートもあったんです。川淵さんの車で帰宅していた頃の景色を思い浮かべ、三ツ沢でJ1復帰を果たした30周年が始まった偶然にも、感慨が湧きました。

# 4 ドーハの悲劇から歓喜へ

## W杯優勝国を破って見えた新しい景色

22年のカタールW杯では、深夜、早朝にもう大興奮して、多くの方々と喜び合い、日本代表がコロナ禍で元気を失っていた日本中を奮い立たせてくれました。

コスタリカ戦（0対1）では、テレビにゲストとして呼んでもらったんですが、負けて落胆した僕の姿を見た皆さんからTwitterに、「川淵さん、一喜一憂せずにスペイン戦を応援しましょう」とか「もともと2試合は1勝1敗を計算したのですから計算通り」と激励を頂きました。何だ、自分よりもファンの皆さんの方がよっぽど冷静じゃないか、一喜一憂すべきじゃない、さすがJリーグ30年の蓄積、と反省したり感心したり、とても嬉しかった。

カタールから帰国した森保一監督と会った際にはこう言いました。「ベスト8の壁」なんて、ちっちゃい目標はもう言うなよ！　と。例えば、100億円を売り上げた企業が、次の4年後の目標を1000億円にしたい、と言ったって、あなたの会社は200億くらいが妥当だから、それは無理ですよ、なんて誰も言いません。

目標は数値だけではなく、意志です。日本代表が言った「新しい景色」は、何も過去最高の成績となるベスト8だけで見えるわけではない。W杯の奥の深さ、サッカーの難しさに挑んだことこそ目標です。カタール大会の日本代表、森保監督は、優勝経験国のドイツとスペインを破ってグループを首位で突破して、まさに目標の途中にいくつも広がる新しい景色を私たちに見せたのです。

だから十分に新しい景色は見たんだよ、目標はベスト8なんてもう言うなよと、森保監督に言いました。彼はいつもの様子でにこやかに「はい、分かっています」と。いらぬアドバイスでした。

## 最終予選で森保監督の胆力に圧倒された

カタール大会の最終予選が行われていた21年の年末、2敗していた時期に監督と2人だけで話をしています。Jリーグアウォーズが行われたホテルの宴会場でした。コロナ禍とはいえ、日本代表の人気自体が落ちている。ドーハの悲劇の視聴率48％は別としても、20％台は維持していたのに、10％台にまで落ちている。それは日本代表のサッカーに面白さ、攻撃でもワクワクする楽しさがなく、行き当たりばったりだからじゃないのか、そんな話をしました。

森保監督からは、「かつての組織と個、といった考え方は今は通用しません、昔は日本でプレーする選手のチームで、監督が考える組織論から入ればよかったですが、今、これだけ多くの選手がヨーロッパでプレーをしていて、個の技術、自分の判断で、最良のポジション、選択をして局面を打破するサッカーをしている時に、過去にしていた組織へのアプローチではダメなんです」と反論されて、いやもう、参ったな、と、反省しました。

森保監督は、自分がここで失敗すると、日本代表の日本人監督への道がまた遠のいてしまう、それを川淵さんが心配して下さっていると思うが、それを十分に理解したうえで仕事をしていると答えました。最終予選で2敗を喫し、まだカタールにたどりつけるか分からない、まだ結果が出ていない時に知った、森保監督の腹の据わりように圧倒されてしまいました。

選手交代も、ベテランに気を使って思い切りがないと見えたので、森保監督は優しいから自分の思うようにマネージメントできていないんじゃないか、とも言いました。

すると彼は、「僕は川淵さんが思って下さるような優しい人間じゃありません、冷酷な人間です」と言うからまた驚いた。短時間の、いわば立ち話のように交わした会話ですが、彼の人となりを知るとても印象深い時間でした。

## 栗山監督と森保監督が示す新たなリーダー像

森保監督といえば、ドーハの悲劇を含めて特に印象に残る選手ではなかったのです。マツダで指導していたオフト監督が彼を代表に入れると言った時も、誰？　と聞いたのを覚えています。

プレーを見れば、ボールの回収率、攻守でタフな運動量と、オフトが構想した日本代表では、不可欠な役割を果たす選手だと分かりましたが、当時は、ラモスやカズが臆せずに協会上層部にどんどん要求や意見をするなか、彼は上役に意見するような人間ではなかった。アウォーズでの会話で、こんなに腹が据わった男だったのか、と当時知らなかった人柄にも驚かされたのかもしれません。

WBCでの栗山英樹監督の采配を見ながら、森保監督と2人の共通点が実に多くあるなと感じました。

チームは、日本代表の過去最多の海外組と同じく、やはり過去最多のメジャーリーガー、ダルビッシュ有、大谷翔平、吉田正尚らが入った。

栗山監督が、日程的には難しいと思われるなかでベストメンバーを招集した際、選手たちが、監督のために、と口にしているのをよく報道で見聞きしましたし、森保監督も、選手たちに、監督を男にしたい、と言われていました。

2人とも采配は大胆かつ繊細で、選手への接し方も、全幅の信頼を置き、上から目線ではなく、選手の近くに立って、同じ目線で指示をする。キーワードは相手への信頼と敬意でしょうか。

プロスポーツの最高峰である2つの日本代表を、ともに好結果に導いた監督に、リーダー像の新しい風を感じました。２人は、戦術や戦略を立てるにも、選手を何より中心に据えて考える。選手を信じて自分が腹を決める。従来監督に求められていた第一条件は強烈なカリスマ性でした。この２人にはそれを全く感じません。これからは２人のような思慮深いリーダーたちの時代になるのだろうと思っています。

# あの時の言葉 ―9

［ドーハの悲劇を歓喜に／日本代表監督］

## 森保 一（54）

もりやす・はじめ◎1968年生まれ、長崎県出身。長崎日大高卒業後、87年にマツダ（サンフレッチェ広島の前身）に加入。日本代表のボランチとして活躍し「ドーハの悲劇」を経験した。03年で引退し、12年から古巣・広島の監督を務め、3度のJ1リーグ優勝に導いた。18年に日本代表監督に就任し、22年のカタールW杯では優勝経験国のドイツとスペインを破ってベスト16進出。

## 「代表監督としての精神や仕事への姿勢について助言してもらったことにとても励まされた」

2021年のJリーグアウォーズでした。私は開始ギリギリに場内に着席したんですが、隣に川淵さんが座っていらっしゃった。会場はもう照明も消えていて、暗い中で話を聞くため、川淵さんの席の横で僕がしゃがんでいた様子を見ていた人たちは、川淵さんに何かお叱りを受けているんじゃないか、代表の成績について怒られているんでは？　と心配していたと後から聞きましたが、まるで反対でした。

川淵さんは、選手選考について、私が優し過ぎるんじゃないのか、自分の選考基準で選手を選べているのか？　と心配されていたようでした。私はどうも、見た目からして厳しそうな監督に見えないんでしょうか。世代交代や選手起用に温情が入り、その結果、代表選手の新陳代謝がうまく働かず、同じメンバーで戦っているんじゃないか、そういった心配でした。私が思い通りに仕事をできるようにサポート体制は整っているか、など、真っ暗な中でお話ししました。

私は、選手選考について、大胆な手法には見えないかもしれませんが、誰かを選んだ時点で誰かを切るという厳しい作業をおのずとやっている、今は、毎回の試合の中でメンバーを変えていく段階で、考え方の原理原則は揺るぎませんから、思い通りに仕事をさせてもらっている、とお話ししました。

原理原則とは、自分の判断は、第一に選手を考えているものか、日本代表を考えているものか、そしてその判断は日本サッカーの発展に貢献できるものか、この3点の根拠があります、と説明したと思います。川淵さんは、分かった、とだけおっしゃった。

ドーハの悲劇の時には団長を務められて、私にとって雲の上の人でしたから話なんてできるはずもありません。ドーハ後も、特別に会話を交わす機会はなかったと思います。ですから本当に、何年ぶりかにあの時のアウォーズで、しかも照明の落ちた真っ暗な会場で話をする状況ではありましたが、代表監督としての私について、見てもらっているのが分かって嬉しくもあり、改めて、何のために代表監督を受けたのか、そういう精神について考えるきっかけをもらいました。

　こういう立場や年齢になると、精神や仕事への姿勢について誰かに、何かを言われるなんてまずありません。最終予選を突破した時も、カタール大会の後も、その度に、喜んで下さった。

　そういえば、広島の監督時代に初めて優勝してアウォーズで「最優秀監督賞」をもらった時に、こう言われたのが忘れられません。

　緊張していたこともありましたが、受賞者スピーチで話をうまくまとめられなかった。川淵さんは、祝福をしてくださった後、「モリヤス、話が長過ぎるぞ、もっと話を簡潔にまとめる能力を磨けよ」と。

　本当におっしゃる通りで、いまだに話がまとまらず長くなってしまい苦戦しています。

# 第4章

# 「キャプテン」として臨んだ協会改革

# 1 3人の日本代表監督任命と「大失言」の真相

## 仕事の中身を表す看板を「肩書き」に

今でも時々、思い出し笑ってしまうシーンがあります。

ゴルフは僕にとって生涯欠かせない、趣味を超えた存在です。コロナ禍では制限もありましたが、今は多くの方々とできる限りゴルフを楽しもうと、トレーニングマシーンで筋肉を付けるため、定期的にジムにも通っています。

以前、クラブハウスを出たところで過去に名刺交換をしたことのある人を見つけ、「こんにちは！　カイチョウですかぁ？」と、大きな声で手をあげてあいさつしました。するとその人は、「いえ、フクカイチョウです」と返してきたのです。「エッ」と一瞬なんのことだか分かりませんでした。しばらくして理解できました。

僕がゴルフ場であいさつしたのはもちろん、「ゴルフは快調か？」でした。それを「会長」と思われたのです。それが、「副会長です」とは、「肩書き」重視の日本社会なんだなぁと、肩書き社会のつまらなさを感じたものです。

自分は、地位としての肩書きではなく、その肩書きが自分が追求する新しさであり、オリジナリティを表現するための看板だと考えてきました。肩書きに合わせた仕事をするのではなく、仕事の中身を表す看板であるべきだからです。Jリーグでは、理事長にピンと来ませんでした。そこで理事長ではなく、野球のコミッショナーでもない呼称を検討していくうちに、海外の事情にも明るい岡野俊一郎（当時日本サッカー協会副会長）さんのアドバイスをもらってチェアマンにした。

記者会見で、チェアマンとは何をするのか？　と聞かれ、それはこれからの1年、僕の仕事を見ていて下さい、と答えたのを覚えています。

2002年に日本サッカー協会会長に就任するにあたって、最初に考えたのもサッカー協会会長という肩書きではない呼び名でした。会長なんて、なんだか偉そうでみんなから遠い存在に思われてしまう。もっと親しみのある呼び方がないか、そういう距離感で新たな仕事をしていきたいと、一般の方々や、サッカーを取材するテレビ、新聞、フリーのジャーナリスト、全ての皆さんに投票を呼びかけました。

日本語にすると船長とか機長、兵隊の位では大尉、そんなイメージもとても気に入りキャプテンとしました。中には、独裁者とか、ゴッドファーザーなど、僕を揶揄するものもありました。チェアマンは役職ですが、キャプテンは愛称です。後任となる会長が、キャプテンなんて呼ばれるのは迷惑でしょうから一代限りで。それでも、いまだにスタジアムやTwitterのフォロワーから、キャプテン！　と言われるととても嬉しく思います。

## 任命責任者として4人の日本代表監督誕生に関わる

キャプテンとして就任したのは02年7月で、同じ月には任命責任者として、（フィリップ）トルシエ監督の後任に、すぐにジーコを選ぶ慌ただしさでした。7月には2人で、代表の新体制会見に臨んでいます。

技術委員会が最初に作ったリストにジーコの名前はなかった。ジーコがふさわしくないのではなく、代表監督を引き受けるとは誰も思っていなかったからです。しかし、02年の日韓W杯期間中に、ジーコが日本代表の戦いぶりについて発言するのを聞いていたので、念のためにジーコにも当たったらどうだ？　と大仁技術委員長に伝えました。

するとと、「ジーコが受けると言っている」と聞き、驚きました。W杯での経験、国際的な知名度、代表にはまだ薄かった勝利への執着心は、02年のトルシエ監督で越えられなかった壁を突破してくれる要素のはずだ、と喜びました。

会長の仕事の中でももっとも注目を浴びるのは日本代表監督選出ですが、解任は比べようもないほど辛く、苦しい仕事です。93年のW杯アジア最終予選の後、契約が1年残っていた（ハンス）オフト監督に、契約解除を自分から伝えました。ドーハの悲劇でW杯出場を逸したとはいえ、アジアのタイトルをもたらし、大きな進歩を遂げたマネージメント力は見事で、再契約を結んでも全く問題はなかったでしょう。しかし彼は、契約解除を伝えると「チームのさらなる成長のため、自分も退任したほうがいいと思う」とだけ言った。プロ監督の矜持に、学びました。

フランスW杯を目指した最終予選、カザフスタンでも強化担当責任者の副会長として、加茂周監督の解任にも立ち会いました。加茂もまた、一切の不平不満、言い訳をしなかった。

02年７月にキャプテンに就任。直後にはジーコと日本代表監督就任会見に臨み、合意文書にサインした ©BBM

会長として代表監督との契約のテーブルに着くと、真っ先にこう言います。代表監督にクビを言い渡すのは、会長である私だから、それが最後通告になる、と。2人のプロ監督に、選んだ方の覚悟をも教えられました。

## 慌ててかけたオシムへの国際電話

06年W杯ドイツ大会を前に、4年の任期を終えるジーコにあらかじめ説明と了承を得て、(イビチャ)オシムとの交渉を田嶋技術委員長(幸三、現会長)に任せていました。ドイツW杯はグループリーグで敗退し(1分2敗)、ジーコは帰国しての会見はしないという。それならば自分が帰国して、応援して下さったファンの皆さん、スポンサーをはじめ関係者に真っ先に謝らなくてはと、翌朝帰国便に乗り、成田空港からそのまま1人で会見に向かいました。

会見が一段落して肩の荷が下り、リラックスできたところで、いつも取材してくれていた新聞記者から「次期代表監督は、その下のカテゴリーとなる08年の北京五輪代表監督の仕事も見るのでしょうか」と質問されました。五輪代表のことは反町監督（康治、現技術委員長）が考えますので、と答えるべきところ、ソリマチカントク、がなぜかとっさに出てこなくて、そこはオシムが……と、口にしてしまった。失言も失言、大失言でした。

昨年オシムが亡くなって、あの場面をテレビで見たのですが、失言の瞬間、〝あ、今、言っちゃったね？〟と、すごく慌てているとか、動揺しているのではなく、何故か堂々としてさえ見える。寝ずにドイツを早朝に発ち、W杯中の疲労も重なり、それを見せまいと懸命に振る舞っていたのかもしれません。

焦っているように見えなかったから、W杯の敗戦をカモフラージュするために、故意にオシムの名前を出して、批判を逃れようとした、などと悪い方に取られたんでしょう。

契約の詰めの交渉は何も終わっていなかったので、これで話がご破算になっては大変だと、記者に待機をお願いし、会見場の外にいた田嶋委員長に、オーストリアにいるオシムにすぐに電話をさせました。でも深夜だから誰も出ない。向こうは午前2時とか3時でしたから。

実際には、こういう時差さえ考える余裕もなく、国際電話をかけてしまうほど動揺していたんです。

後日、田嶋委員長から改めてオシムにお詫びを伝えた際に、決定権を持って私を任命した会長が、なぜそんなことでいちいち謝るんだ、謝罪の必要なんて全くない、と寛大に受け止めてもらいました。

初の、プロ外国人監督となったオフト、岡田、ジーコ、オシムから繋いで、日本代表は26年のW杯まで森保監督と再契約しています。W杯に初出場から7大会連続で出場できたのは、ブラジルと、実は日本だけだと聞きました。色々な歴史を経験し、外国人監督も、日本人監督も、日本サッカーの発展のために素晴らしい仕事をしてくれた結果だったと考えています。

イビチャ・オシムが率いる日本代表
は、07年のアジアカップに出場し、
ベスト4という成績を収めた ©BBM

## あの時の言葉 —10

［キャプテンと名付けた1人／元・番記者］

### 竹内達朗（53）

たけうち・たつお◎1969年生まれ、埼玉県出身。川口北高から東洋大。89年から3大会連続で箱根駅伝に出場。92年に報知新聞社に入社し、「川淵番」として取材を重ねた。現在は編集委員として主に陸上競技、ゴルフを取材している。

# 「川淵さんは政治力のあるスポーツマン。その時、『キャプテン』が頭に浮かんだ」

川淵さんが協会の会長に就任した際、協会を担当する番記者たちに「会長と呼ばれるのは堅苦しい。正式名称の会長とは別に愛称を公募したい」と自ら提案されました。Ｊリーグでも一般的な「理事長」ではなく、「チェアマン」という馴染みがなかった役職を、Ｊリーグの人気と共に定着させたのですから、会長に代わる愛称についても、「チェアマンのような斬新な言葉を求めているのだろう」と推測し、色々考えてみたのですが、私には斬新な言葉が思い浮かびませんでした。

そこで、思考を変えてみました。役職を指す呼称を探すのではなく、川淵さんがどう仕事に取り組んでいるのか、その本質の方を考えたのです。

当時、私は32歳。ほぼ毎日、番記者として動向を必死で追っていました。サービス精神が旺盛で、協会事務局や試合会場では報道陣に気さくに対応してくれるものの、自宅での取材は厳禁でした。それは「自分のせいで迷惑をかけたくない」という、近所付き合いを大切にした配慮からでした。

普段は10人ほどの番記者が囲んで話を聞く、文字通りの「囲み取材」がほとんどです。ただ、時にはどうしても1対1で話を聞かなければならないことがあります。

そんな時は禁じられている自宅ではなく、ご自宅近くのショッピングモールで、たった一言をもらうために我慢強く何時間も待ちました。愛妻家である川淵さんは、世の中の多くのお父さんと同様に荷物運びを手伝うと知っていたからです。

私の住まいは埼玉でしたから、千葉方面のモールになどいるはずもありません。わざとらしく「あっ、今日は奥様のお手伝いですか？」などと偶然を装って挨拶すると、偶然であるはずがないと分かっているのに、もしかすると呆れていたのに、いつもニヤッと笑って対応してくれるのです。

短い時間、雑談した後、私は「ところで…」と本題を切り出す。この時「○○はどうですか？」というあいまいな質問には、はっきり答えません。イエスかノーか、協会トップ

## あの時の言葉
—
*10*

として明確に答えられるまで取材を突き詰め、入念に準備した質問を投げかけた場合のみ、真剣な表情で「そうだ」、「それは違う」と応じてくれました。

記者としての長いキャリアの中でも、本当に緊張感を要する仕事でしたが、やり切った後は充実感がありました。それは記者個人の努力を認め、仕事を尊重してくれる川淵さんの包容力のお陰だったと思います。私だけではなく、他の番記者たちも粘り強く取材し、率直な答えを引き出せる記者に育ててもらっていたのです。協会トップを取材する記者にとって、他のリーダーとは全く違う特別な関係を築いて下さいました。

川淵さんは確かに政治力に長けています。ただ、スポーツを知っている政治家ではなく、あくまで政治力のあるスポーツマン。そんな本質がはっきり分かった時、頭に浮かんだ言葉が「キャプテン」でした。

斬新な言葉でも何でもないので、私を含めて4人が「キャプテン」を提案し、採用されたと聞いた時には驚きました。自分の語彙は乏しく、あれこれと悩んだけれど、言葉選びのセンスは間違っていなかったと、記者生活32年目を迎えた今でも「キャプテン」は私の秘かな自信となっています。

「竹内さんは名付け親の1人だよ」。今でも時折、キャプテンは言ってくれます。こちらは生涯の自慢です。

（文・竹内達朗）

## 2 ガバナンスゼロからのスタート

### 全職員75人との異例の面談で掴んだ実態

キャプテンに就任し、真っ先に取り組んだのは、組織の内部を把握する作業でした。日本サッカー協会という大きな組織の強化に取り組むにしても、その実態を把握しなければなりません。組織を改革、とよく言いますが、実際に行ってきたのは、大きな組織改革より、個人の課題や問題意識を細かく分析し、それを組織全体に活かす方法でした。

当時協会に勤務していた75人、アルバイトや派遣も含めて職員全員と面談をし、問題点を洗いざらい聞く方法を選びました。みんな、会長と面談？　退職でも迫られるんじゃないか、と戦々恐々としていたと後で聞きましたが、未来の方向性について、先ずは業務にあたるそれぞれの問題点や要望を直接聞いて、運営に当てようと、さっそく75人の面接を飯塚玉緒秘書に指示しました。

決め事はＡ４の用紙１枚に①どんな仕事をしているか②自分の仕事の問題点は③協会

への要望事項。面接時間は1人最長30分としました。

通りいっぺんにいろんな書類を見て、問題点や対策を考え組織を変えるぞ、と上だけが息巻いたとしても事態が分かるはずがない。働いている人たちの充足感につながらなければ何の意味もない。それぞれの不満や改善への要望は、決算書や事業計画書には書かれていないのですから。

面談で初めて、給与形態が5つもあることが分かった。協会の職員、臨時と時間給とさらに派遣社員。ある職員は、上司に正職員として働きたいと申し出ると、今のほうが収入が絶対にいい、と言われた、納得できない、と打ち明けました。

海外事業を担当する部は、時差の関係で朝方まで残業時間にしていて給料が2倍以上になっている。もともと勤務時間を変える発想など全くなかった。

89年に協会理事に就任した頃は、職員が16人、年間予算が16億円くらいだったでしょうか。それが、Jリーグが誕生し、日本代表にも新たなビジネスが生まれ、年間予算は60、70、100億円と協会も一気呵成で予算を積み上げていました。一方、職員75人の組織運営を、16人の延長線上でやるから歪んでしまう。大体、交通費精算の申請書が違う書式で

5つほどあった。人によって紙が違う、そんなおかしな経理がありますか。

対外的にも、協会にお金がなかった時代に、いわゆる出世払いを前提に立て替えてくれた企業への支払いが遅く、迷惑のかけっぱなしだった。それらを整理して、企業として当たり前の、正常な経理に戻さなくてはなりませんでした。驚くような無管理、今ならガバナンスゼロというような状態に、さぁ、一体どこから手を付ければと、呆然とした時期でした。

まずはバラバラだった給与形態を年俸制に変更し、会長職を常勤とし、有給職に変えた。サッカーが負う社会的な責任を考えれば、会長が必ず毎日出勤し、方向性を示し決断を下す企業と同じように職務にあたるのは当然であると考えたからでした。

## 全都道府県協会を法人化

そうなると、サッカー協会に行けばいつでも会長がいる、約束を取れば話もできると、地方協会やビジネスチャンスを求める企業や関係者を含めて人が多く出入りするようになり、想像以上に協会が活性化していきました。

また、各新聞社の記者が毎日、キャプテン番として協会に足を運んでくれるようになった。それまで競技団体の会長に番記者などいなかったそうですから、常勤は、注目度や世の中への発信力を高め、広報面にも効果があったはずです。記者に詰めてもらうため、当時は渋谷の貸しビルでしたが、小さな記者室を協会内に置いたのもあの時期です。今でも協会内には、記者との関係性を大切にする表れとして記者室があります。組織を大きく変えたあの頃のメディアとの良好な関係は生きているはずです。

次に、協会の組織運営のひとつとして全国47都道府県協会全てに法人化を義務付けました。当時、法人化していたのは10協会もありませんでした。ということは、任意団体ですから、どこからもチェック機能が働かず経理の不正や人事での問題、会議もせずに一部の関係者だけで重要な業務を決めていたり、正に無法状態でした。

法人化しない地方協会は助成金交付を再検討する、また法人化しない協会には一切国際試合を行わせない、と非常に厳しい態度で改革に臨みました。それでも全協会が法人化されたのは、会長を退任した08年、5年かかっての改革でした。

渋谷の岸記念体育会館から、Ｊリーグが始まった翌年、渋谷の五島育英会ビルに移転し、W杯に初出場したフランス大会の翌99年に、同じ渋谷の野村ビルに移転するなど、サッカー界への注目度が上がる節目のたびに、協会の事務局も移転してきました。キャプテンに就任した02年、日韓W杯が終わった節目も移転の契機となりました。

## 自社ビル所有と殿堂の建設

協会が長年掲げていた目標、自社ビルを持つために具体的に物件探しを始めたのです。僕は、部屋で仕切られるオフィスより、働いている職員の顔がお互いに見える、広いワンフロアが理想だと考えていました。三洋電機が入っていた本郷のビルは窓も大きく、景色が見渡せるのも気に入りました。

また、念願だったサッカーの殿堂設立を計画していたので、地下の広いスペースを殿堂とミュージアムにできれば修学旅行で必ず立ち寄ってもらえるような名所になると考えたのです。

地下鉄の駅も近いので、東京駅や羽田空港など、出張にもアクセスがいい。W杯組織委員会の黒字は約70億円。この一部と、W杯が万が一赤字になった場合に備えていた補填資金を合わせた数十億円で、２００３年、文京区本郷に地上11階、地下４階の念願の自社ビルを購入しました。ローンは組まず現金払いでしたのでさらに安くできて最高でした。

協会、Ｊリーグ、各連盟が一堂に入ったサッカー界念願の自社ビルＪＦＡハウスと、ミュージアム両方がこの時所有できたのは、長沼健さんをはじめ歴代会長からの責任を果たせたとの思いもあり、ほっとしました。

購入から20年が経過して、ＪＦＡハウスにも遂に地域開発の大きなうねりがやってきました。不動産会社からマンションへの建て替えの提案があり、時代の流れから考えても11階建ての自社ビルを持つ価値がなくなったと協会は判断しました。会長の時に買ったビルだから寂しいのではありませんか？　とよく聞かれますが、そんな感情は全くありません。

ミュージアムには19年間で71万人もの方が足を運んで下さった。修学旅行のコースに組み込んでもらうなど、想像以上に多くの方々に日本サッカーの歴史を知って頂けました。今後、ミュージアムをどこに再オープンするかは未定ですが、会長になって最初の、自社ビル購入という大きな買い物であり、投資が、約20年でその価値を何倍にも上げ、協会を助けたのだとすれば、こんな嬉しい話はありません。

03年12月に開館した日本サッカーミュージアム。名誉総裁を務められた高円宮殿下の写真が見守る（後方、23年3月9日撮影）© 阿部卓功

あの時の言葉

—

*11*

［日本サッカー協会
元事務局員］

## 清水美香(51)

しみず・みか◎日本サッカー協会では、登録制度の整備、キッズプログラムの推進、地域・都道府県サッカー協会の活動推進など10の課題に取り組む「キャプテン・ヘッドクオーターズ（CHQ）」に所属。特に女子サッカー、キッズプロジェクトの普及に貢献した。

## 「僕がいい加減にしろ！　と怒り出すくらいやっていい、と言われたのは忘れられません」

川淵さんが会長になって、職員や派遣で来ている職員も含めて全員に面談をすると言われ、私は、とにかく早く終えようとトップバッターで予約を入れました。会長が、私たちのレベルにまで、しかも75人もの話を聞くなんて信じられませんでしたが、面談の内容をちゃんと覚えていて、実際に変えようとしてくれましたから、さらに驚きました。会長が職員全員と会うのは、もちろん当時の協会の問題点を実際に把握するためだったと思いますが、私はキャプテンが、みんなの顔と名前を覚えコミュニケーションを取る姿にも驚かされました。トップとの距離感がとても新鮮でした。

普及や、地方協会との関係性をより強くするなど特別なミッションを、スピード感を持って行うためのCHQに配属され、最初に、日本全国に出向いて、問題や課題を拾ってくるように、10割のうち2割でもそれらを集められれば十分だから、県協会のイベントでも会議でも、全国に行って人に会って来い！　と発破を掛けられました。

川淵さんはいつも、「僕に何かを報告するときは、必ず正確に伝えること」と職員に言っていたんです。そうでなければ、いくら全国に人を出しても、正しい情報の把握はできない。それをとても気にしていたんです。

女子の普及を担当したので、女子選手の登録者の少なさについて、かねてから問題はありましたが、なかなかデータを掘り起こすのが難しい部分でもありました。

特に中学で、それまで少年団でプレーした女の子たちが、ほとんどの中学には女子サッカー部がないためサッカーを辞めてしまい、登録者が大幅に減る。私は長く協会にあった潜在的な問題を、数字で見える形にして、問題点はこれこれ、こうです、と説明しました。

女子サッカーの普及と強化には本当に力を注いでいましたので、「清水さんの好きなように思い切り仕事をしていい、僕が、いい加減にしろ！　と怒り出すくらいやっていい」と言われたのが忘れられません。川淵さんがいい加減にしろ、って怒るレベルはどんなもんだろう？　なんて想像しましたけれど、ミスを恐れ、思い切った仕事ができない環境に

## あの時の言葉—11

ならないために、責任は僕が取るから、怒らせても大丈夫、思い切って仕事をして欲しい、と、いつも職員の立場を考えていたんだと思います。

ＣＨＱは幼稚園までのキッズプロジェクトを立ち上げ、初のイベントに一緒に出張しました。子どもたちがピッチを元気に走り回って、歓声が聞こえるなか、「これが見たかったんだ」と、涙ぐんでいた姿も目に焼き付いています。

ミーティングをするとよく、何かいい話はないかな？　元気が出る話はないかい？　と聞かれましたね。会長に就任されたあの頃、協会内の色々な現実問題に直面して、とても大変だったのではないかと想像していました。私たちには想像も付かない問題や課題もあったんではないでしょうか。疲れていらっしゃる時もありましたから。

それでも、「僕がいい加減にしろ！　と怒るくらい思い切り仕事をやっていい」と、職員を激励してくれた。思い切りやっていい、ならそんなに響かなかったかもしれません。

協会で、いい加減にしろ、と怒られることはありませんでしたが、今も記憶に残っています。

## 3 交通費の前借りで始まった「なでしこ」の世界一

### 女子サッカーの環境整備に初めて着手

キャプテンに就任した翌年、女子のW杯（03年アメリカ大会）を本格的に視察しようと、現地視察に飛びました。

協会内のガバナンスの構築は重要でしたし、面談をするなかで、女性職員にももっと活躍してもらいたい、力を発揮するための環境を整えるべきだと考え、その一環に、女子サッカーの強化がありました。女子サッカーが初めて国際大会で競われ、各国が参加したのは、91年の世界選手権でした。当時はW杯ではなく、世界選手権の名称でスタートしたばかりでしたが、それでも日本は第1回から、僕が初めて女子の視察に行った03年まで4大会連続出場をしているアジアの実力国でした。この大会から現在のW杯に呼び名も変わり、マーケティングも拡大するなど、世界の女子サッカーにとっても転機となる大会でした。

アメリカのオハイオ州コロンバスでグループリーグに臨んでいた女子代表を激励に行った際、協会の改革でも個人面談から始めたのと同じ方法で、選手たちに、何か問題や課題があったら、ここで遠慮なく言って欲しいと、夕食後全員に集まってもらい、彼女たちから直接意見を求めました。みな、遠慮してシーンとしている。

そんななか1人が勇気を出して、何を言ってもいいんですかと言ったので、何でもいいよと促すと、「合宿に行く時、交通費の前借りができないでしょうか。やりくりがとても厳しいので、せめて前借りをさせてもらえませんか？」と遠慮がちに発言してくれました。

エーッ、そんなにお金に困っているの？　と驚きました。女子代表であっても、選手それぞれ、家族や職場の方々の支援によってこれまで、踏ん張って来たのだと胸が締め付けられる思いでした。交通費の前借りだけではなく、日当を出すことも合わせて、改善すると選手に約束して帰国しました。

翌年の04年には、96年のアトランタ五輪以来2大会ぶりの出場を目指したオリンピック最終予選が日本で行われ、強敵・北朝鮮との試合を、協会あげてサポートしようと、知恵を出し合って国立競技場に3万人を集めたのです。

本当に魂のこもった、ひたむきで、観る者の心を揺さぶる素晴らしいゲームでした。見事に勝利を収め、五輪では2大会ぶりに04年アテネへ復帰を果たした彼女たちを何より称えようと、協会の名誉総裁でいらっしゃる高円宮妃久子殿下と共にロッカールームに行きました。彼女たちの笑顔を見たら、協会は何の手当ても出していなかったのに、ここまで頑張ってくれたんだ、と思わず涙があふれ出ました。

当時オリンピック出場の協会の報賞金は30万円でしたが、感動の勢いあまって、10万円を追加するとそこで宣言してしまいました。

その時のロッカールームでの選手の喜びよう、はしゃぎように、男子だったら10万円のプラスくらいでは、こんなに喜ばないな、と微笑ましく感じました。

女子チームにニックネームを付けたらどうでしょう? と女性職員の提案を受けて、アテネ五輪を前に、なでしこジャパン、の愛称を付けたのもキャプテン時代です。Jリーグに続いて、なでしこジャパンも流行語大賞を受賞しています。しかしこちらは11年、世界一になった年ですから、アテネを前にした命名から実に7年後に「流行語」になるとは面白いものです。

04年4月24日、北朝鮮を3対0で破って2大会ぶりの五輪復帰。大黒柱の澤穂希は、ひざのじん帯を損傷しながら戦い抜いた ©AFLO

なでしこジャパンの快進撃と、大きな注目によって、各競技団体の女子代表にも続々と○○ジャパンの愛称が生まれました。社会に対して、マーケティングへの影響力を、女子サッカーから発信できたのはとても素晴らしい変化でした。

## なでしこジャパン初のママさん選手をサポート

職場には様々なハラスメントが横行しがちです。キャプテンとして、こうしたコンプライアンスの徹底にも積極的に取り組んだつもりですが、こんな事案もありました。ある時、女性職員に向かって容姿を中傷する発言をした上司がいた、と報告があり、本人を呼んで確認すると、「ついカッとなって言ってしまった」と認めました。女性職員を呼び、彼に「女性への侮辱行為は絶対に許さない、二度とするな」と、目の前で謝罪するよう言いました。

金銭の不正など様々なコンプライアンス違反はあるでしょう。ただ僕は、女性を侮辱するような言動は絶対に許しません。女性が元気な笑顔で、はつらつと働ける環境作りは組織全体にとっても好影響をもたらしてくれます。自分も、ドーハの悲劇でひどく落ち込んでいた時期に、女子職員が開いてくれた激励会で鋭気を養い、前向きになったものです。

僕には妻と2人の娘がいる。女性に対するハラスメントには強い嫌悪感がありますし、女性を呼び捨てにした経験もありません。

女性が活躍できる職場は男性にももちろん良い影響をもたらします。04年のアテネ五輪の時結婚して中盤で活躍していた宮本ともみ選手が出産して、また日本代表に復帰するよう話しました。その後彼女は出産し、復帰を悩んでいると聞き、全面的にバックアップするからとにかく何でも要望をして欲しい、頑張れ、と直接励ましたのも、こうした考えからでした。

スポーツ界ではママさん選手の環境がまだ整備されているとはいえない時期でしたが、出産後キャプテンとなり、宮本選手が赤ちゃんとベビーシッターと一緒に海外での国際大会に出場し、活躍する姿は本当に嬉しいものでした、またこの経験を活かして、今後、サッカーだけではなく女性スポーツのリーダーにもなってくれるだろうと、期待しています。

©JFA

［元なでしこジャパン／現在同コーチ］

## 宮本ともみ（44）

みやもと・ともみ◎1978年生まれ、神奈川県出身。97年にプリマハムFCくノ一に加入し、主にボランチとしてプレー。99年の女子世界選手権（現W杯）、03年、07年とW杯3大会に出場。04年のアテネ五輪後、長男を出産。06年になでしこジャパンに復帰した。12年に引退し、現在は代表コーチを務める。

# あの時の言葉—12

## 「サポートするから心配しないでいい、と声を掛けられ、肩の荷が下りた気がした」

アテネ五輪（２００４年）のアジア最終予選は国立競技場で行われ、３万１０００人ものお客さんの前で試合ができるんだ、ここでオリンピック出場を決めてやる！　とみんなの気持ちも高まっていました。過去一度も勝てなかった北朝鮮を3対0で下し、２大会ぶりのオリンピック復帰を決めた直後のロッカーには、川淵さんがわざわざいらっしゃった。ありがとう、本当に感動した、と私たちの前で泣き出されたんです。

そして、「何か美味しいものでも食べて下さい」と、ポケットマネーでボーナスを出すと聞いて、ロッカーは、エーッ、ウッソォー！　キャー！　と、もうはしゃいで盛り上がって……。ピッチでのプレーだけはなく、まさか協会の会長と勝利を喜び合えるなんて、全ての風景も含めて、人生で一番印象的で、嬉しい試合でした。

アテネ五輪後の翌年5月に長男を出産し、06年から、またサッカーがやれたらいいな、というくらいの気持ちで復帰したんです。代表など考えていませんでした。

その年の秋に、当時のなでしこの大橋（浩司）監督が、国内キャンプにどうだ？　と声を掛けてくれたんですが、1歳半の息子を置いて遠征はしたくないとお断りしたと思います。でも、女子委員長の上田（栄治）さん、川淵さんは会長として、前例が全くないママ選手の代表復帰を全面的に支援して下さったんです。

ある時、携帯に川淵さんから直接電話がありました。それだけでも緊張しますが、「子どもを連れて代表活動をするのに、どういう助けが必要なのか、遠慮しないでどんどん言ってくれ、サポートするから心配しないでいい」と温かく励まされたんです。当時は、何から何まで1人で頑張ろうとても気が張っていましたから、サポートするから心配しないでいい、と声を掛けられ、何だか肩の荷が下りたのを覚えています。

当時の私は深く考えていなかったんでしょうね。もし深く考えていたら、ベビーシッターを協会に雇ってもらうとか、自分の母親が代表の海外遠征に一緒に行くようお願いするとか、息子が海外で熱を出し、小児用の薬を届けてもらったこともありましたから、あん

## あの時の言葉―12

な大胆な判断はできなかった。今、コーチの立場になると、この代表チームに赤ちゃんと選手が一緒に参加したり、しかも代表選手のお母さんがベビーシッターで帯同したりすれば、どれだけの人が動いてくれるかが分かります。当時はそんな想像もできませんから、今になると冷や汗が出てしまいます。

息子は結局、7カ国に一緒に入国し、07年のW杯（中国大会）出場を決め、私も3度目のW杯代表となって、ほっとしたのを覚えています。あの息子も、もう高校生です。

私たち女子選手にとって、本当に大きな転機は、03年のW杯アメリカ大会に川淵会長が、私たちを激励するため現地まで足を運んで下さった時です。

今、困っていることや改善して欲しい問題、何か要望があれば遠慮なく何でも言って欲しい、と話し、1人が、Jヴィレッジに合宿に行くにも交通費を立て替えています、とても厳しいので先に頂けませんか？　と、ささやかで小さいけれど、当時は本当に切実な要望を、勇気を振り絞って言ったんです。川淵さんは、そういう細かい、でも大事な話を聞きたかった、と、すぐに交通費の支給、日当の引き上げを実行してくれました。

女子サッカーは、川淵さんとの直接対面で大きな勇気と、モチベーション、そして勝つことで環境を変えられるんだ、というある意味のプロ意識を持てたんだと私は思っています。

多様性や共生が、今ではスポーツ界でも言われますが、本人さえ無理だろうと思っていた時代に、あれほど手厚く、子育てと代表選手の両立を支援してもらい、私も日本サッカー界も、他競技の女子選手に羨ましがられる前例を持てました。ベビーカーを押して合宿に来る選手が、普通になるといいと願っています。20年近くも前に、先見の明でいち早く動いて下さった川淵さん、協力してくれた皆さんに、今、一層感謝しています。

## 4「こころのプロジェクト」で教育現場と被災地に夢を

### キャプテンズ・ミッションとキッズプログラムで底辺拡大を推進

日本サッカー協会の定款には、その目的を記した第3条に、「この法人は、日本サッカー界を統括し代表する団体として、サッカーを通じて豊かなスポーツ文化を創造し、人々の心身の健全な発達と社会の発展に貢献することを目的とする」と書かれています。02年に会長に就任して、喫緊の課題として取り組むべきだと考えていたのが、子どもたちの体力向上、心身の健康に、どうすればサッカー界が貢献できるのかという点でした。

協会には毎年数億円の余剰金が出る計算でしたが、会長として、これを貯金せず、サッカーの裾野をさらに広げて、子どもたちの環境を含め未来につながる投資をする決意を先ず固めました。

就任後の10月には、このために具体的な政策を掲げ、地方の協会とも連携を行うために、「キャプテンズ・ミッション」をまとめ、これを実際に行うための組織として「キャプテン・ヘッドクォーターズ」（CHQ）を立ち上げ、10の課題＝キャプテンズ・ミッションを掲げました。

1．JFAメンバーシップ制度の推進
2．施設の確保と有効な活用
3．JFAキッズプログラムの推進
4．中学生年代の競技活性化
5．エリート養成システムの確立
6．女子サッカーの活性化
7．フットサルの普及と推進
8．リーグ戦の推進と競技会の整備、充実
9．地域、都道府県協会の活性化
10．中長期展望に立った方針策定と提言

関係者の中には、もっと具体的に若い年代の強化に資金を使うべきだといった意見もありましたが、1～10は決して日本代表を疎かにするものではなく、長い目で見れば、日本代表という頂点をいかに高く、広く、強く支えていけるか、それを具体的にした目標です。06年には、エリートプログラムとして「ＪＦＡアカデミー福島」を開校し、中高6年間の全寮制でサッカーの指導だけではなく、英語や地域（福島県双葉郡）の皆さんとの交流、マナー教室などのカリキュラムもとても多く取り入れました。

アカデミーの教育、技術指導、運営、管理は全て田嶋（幸三、初代スクールマスター）に全権委任し、統一のとれたアカデミーを立ち上げることができました。

寮の入口に、「サッカーは子どもを大人にし、大人を紳士に育てる」と、日本代表を指導してくれたクラマーさんの言葉が飾られているのは、ここは将来のプロサッカー選手養成所ではない、サッカー界が自信を持って、社会貢献できる人材を育てるアカデミーである。そういう信念の表れです。

## 夢先生で初めて教育現場へ

05年元日、天皇杯決勝で、「夢」というサッカー界にとって大きな指標を掲げました。

Jリーグの開幕式では、大きな夢の実現に向けて、その第一歩を踏み出します、とともに宣言していますので、もう一度夢を描こうとの思いからです。

JFA2005年宣言では、2050年までに日本でW杯を開催し、日本代表が優勝する、サッカーファミリーを1000万人にする、といった具体的な目標を掲げ、「DREAM　夢があるから強くなる」、と結んでいます。

この宣言後の06年、サッカー協会も改めて、夢を提供するプロジェクトに一歩を踏み出しました。

子どもたちのいじめの問題、それを苦に亡くなってしまう子どもが社会問題となっていた時で、当時の石原慎太郎・東京都知事主催のビッグトークショーに出席しました。新宿から協会に帰る車中で、同乗していた新聞記者の、「サッカー界も何かできればいいですね」という言葉をヒントに、そういえばキッズプログラムも、身体の発達や体力の維持についてはずいぶん力を注いだけれど、悩みや人間関係といった心の部分には触れて来なかった、と思案しました。

広報部長だった手嶋秀人に、何かいいアイディアを考えてくれ、と指示し、田嶋（幸三、当時）専務理事の「私たちも2005年宣言で、夢を掲げている。子どもたちにも夢をとっかかりにして何かを伝えてはどうだろうか？」とのアイディアから、本格的に教育に取り組もうと、小学校6年生を対象にした「ＪＦＡこころのプロジェクト」が大きく動き出したのです。しかし、教育委員会や学校の現場では当初、大歓迎とはいきませんでした。

「サッカー協会が提供するプログラムなのに、サッカーは教えないい？」

「夢を持って欲しいと言うのに、講師が子どもたちにする話は失敗談ですか？」

実はどれも明確な狙いや、方法論があっての話でした。サッカーではなく先ず体育館で「ゲームの時間」として体を動かして遊びながら、信頼関係を築く。

次の「トークの時間」では、サッカー選手だけではなく、夢先生を担当する様々な競技の講師が、正規の授業の中、夢を実現した努力を強調するだけではなく、自分の夢が思いも寄らぬアクシデントで挫折したり、競技を諦めたり、だからこそ反対に大きく前進する浮き沈みを、「夢曲線」としてあえて見えるグラフにして語ってもらう。

最後にはフィードバックで、「夢シート」に子どもたちの夢を書いてもらい、授業後には夢先生が1人ひとりに返信する。

その場限りでサッカーを教えて終わる、そういうプログラムではなく、とても手のかかる、それまでにはない新しい繊細なプロジェクトに、教育委員会への説明が突破口となり、一気に広まったのだと分析しています。

海外の日本人学校でも実施の依頼が寄せられ、FIFA（国際サッカー連盟）も日本独自のこの活動を取り上げ、称賛してくれました。

23年の3月末時点で、「こころのプロジェクト」の回数は2万252回となりました。

日本サッカー協会のかけがえのない財産といえるでしょう。

## 東日本大震災の被災地で10年続く活動に

教育の素人に何ができるのだろう、と当初は訝し気に見られた活動は、11年、東日本大震災でまた別の形となって展開しました。

未曽有の被害の中、子どもたちが学校に戻った時、何を支えにできるだろう、スポーツ界は何ができるのだろうかと、震災直後からずっと考え続けていました。当時日本体育協会会長に就任する直前の張さん（富士夫、当時トヨタ自動車会長）に3月25日直接お会いしてスポーツ界一丸となるプログラムを、と夢先生のプログラムを提案し、資金の提供を日本スポーツ振興センターの理事長だった小野清子さんにお願いしました。また、すぐに被災地に行ける準備を整えていました。

張さんには、スポーツ界一丸となって取り組むべきです、サッカー協会のプログラムであるかどうかなどは一切関係ありません、とお願いし、もう1点は、継続的なプログラムを実施すべきと、小学1年が卒業する6年生まで5年間の長期開催を、小野さんにもお願いしました。

被災地で初めての「スポーツ笑顔の教室」は2011年9月21日、大船渡市蛸ノ浦小学校の子どもたちを対象に、夢先生はラモス瑠偉さんが務めました。子どもたちがとてもたくましくて学ぶべきものが多かったと報告を受け、やはり継続的に開催して欲しいと強く思いました。協力してくれた競技団体、選手の人数は増え続け、アスリート自身が気付きをもらういい繋がりが生まれました。

16年の熊本地震の後も、子どもたちの健康を先ず考え、東日本大震災で学んだ多くの教訓を基本に、17年1月から、夢教室をスタートさせています。

日本のスポーツ界の力を、こうして横軸で結集できるひとつの例となりました。そして、スポーツは、平時ではなく、むしろ困難な時ほど、社会、人々を勇気付ける存在でなければいけない、と、私たちに再認識させてくれました。スポーツに何ができるのか、常に胸に刻んでいます。

## あの時の言葉
## ―13

［こころのプロジェクトをけん引／日本サッカー協会元広報部長］

# 手嶋秀人（71）

てしま・ひでと◎横浜Ｆから日本サッカー協会広報部長に。06年に「こころのプロジェクト」を企画、立案。07年に同プロジェクトをスタートさせ、トップアスリートによる「夢先生」が全国各地で開催された。11年の東日本大震災後は、「夢教室」を被災地で10年間続けた。

# 「スポーツ界全体が社会に貢献できるのか、川淵さんはいつも広い視野で先を見ていた」

２００６年頃は、学校でのいじめ、それを理由に子どもたちが亡くなるなど、悲しい話がメディアに取り上げられていました。

都庁での講演会の帰り、広報部長だった私と、川淵番だった新聞記者が同乗させてもらい、渋滞している途中、記者が、この頃、子どもたちの悲しい事件が多いですよね、サッカー協会も何かできればいいですね、と、ふと漏らしたんです。

すると、新宿から本郷の協会に到着して車を降りる時には、「手嶋、何か企画書を書いて持ってくるように」と川淵さんに指示されました。エーッ、よりによって子ども嫌いの私がですか？　と苦笑していましたが。

ただ、サッカー協会が行う社会貢献だとしても、これはサッカー選手がメインであったり、サッカー教室を全国でやるわけではなく、これまでにない、新しい取り組みを企画しろ、と指示されたんだとキャプテンの意図は分かっていました。

1週間後に企画書を出し、「こころのプロジェクト」と名付けられ、キャプテンは、お前がやりやすいようにやればいい、必要であれば外から人材を連れてきてもいい、と任せてくれました。サッカー教室ではないし、有名ゲストのイベントでもない。当初は教育現場も冷ややかな反応でした。

しかし練り上げたソフトは素晴らしいもので、私は最初の年（07年）は50回くらいかと考えたんですが、別の会合の席で、川淵さんは「手嶋は桁を間違っているんじゃないか、500回はいく」と話していたそうです。

これは、キャプテンがサッカーのためだけでも、スポーツ界の発展のためでもなく、スポーツ界全体が社会に何ができるのか、という大きな改革について、広い視野で先を見ていたから出た数字だったんではないかと思っています。小さい話ではないんです、川淵さんの改革は。結局初年度で250回近く、翌年には約700回と広まり、現在では年2000回を超えています。他競技の選手たちが「夢先生」として失敗や挫折を語りかける、これまでにない独自の教育プロジェクトとして定着しました。

東日本大震災翌日、キャプテンから電話を受け、被災地でも子どもたちのためにこのプロジェクトを行うよう、張さん（11年4月に日本サッカー協会会長に就任するトヨタ自動車・張富士夫会長）にも、資金を提供してもらう日本スポーツ振興センターの小野さん（清子理事長）にもすでに話した、と指示された。とにかく速いんです。あの災害の中でも、子どもたちが学校に戻った時の様子を考えているんですから。

1週間後、川淵さんと2人で夢先生のプレゼンテーションにトヨタに行きました。張さんは夢先生に感激して、11年に小学校に入学した子どもたちが卒業するまで5年間続けようと、「夢教室」の概要は決まりました。この時も、サッカーだけではなく、日本のスポーツ界一丸となって横串しで社会貢献する。それが川淵さんの考えでした。

被災地に入るのですから、様々な配慮をしましたが、子どもたちは本当にたくましくて、むしろこちらが励まされた。被災地での夢教室は結局、10年間続きました。

Jリーグや協会内での会議で私が「こころのプロジェクト」について説明すると、他のクラブも似た企画をやっている、とか、サッカー界の底辺拡大に繋がるなら賛成、などと、身内だってそれほど前向きではなかった。でも後に、キャプテンが何を意図し、どこを見ていたのか分かったはずです。

23年には、自分が夢先生の授業を受けて夢を叶えたという小学生が、ついに先生として

## あの時の言葉—*13*

初めて授業をするそうです。企画を出して、考え続けた甲斐もありました。

©AFLO

樋口新葉は、小5のときに元Jリーガー・井手口純の授業を受け「オリンピック1位」と夢を書いた。22年北京冬季五輪出場を実現し、このほど「こころのプロジェクト」で初めて、自身が先生となり「夢の教室」を行った。「夢はひとつではなく、叶えても次々生まれてきます。だから、夢について考える時間を大切にしてください」（23年6月　市川市立稲荷木小学校）

©JFA

第5章

# 2つ目のプロリーグを誕生させ、2度目のチェアマンに

# 1 マイナスから始まったバスケットボール改革

## 恥ずべき制裁にも他人事の関係者に強い怒り

最初にFIBA（国際バスケットボール連盟）の（パトリック）バウマン事務総長に会ったのは、2014年10月、都内にある会員制のクラブでした。FIBAが、1カ国1リーグを定めているNF（ナショナルフェデレーション=各国協会、連盟）のガバナンスについて、日本には、NBL（ナショナル・バスケットボール・リーグ）とbjリーグ（日本プロバスケットボールリーグ）の2つのトップリーグが存在する状態を問題視し、14年10月までに改善案をまとめるよう勧告されていた時期です。回答期限が迫っているというのに、JBA（日本バスケットボール協会）からは何の改善案も示されず、バウマンをはじめ、FIBA関係者の不信感、苛立ちはかなりのものだと感じました。

バウマンは、僕がバスケットボール界の分裂の要因となっていた関係者たち、JBAの深津泰彦会長、b.jリーグの池田弘会長、河内敏光コミッショナーらと、春頃から数回面談し、統合を何とか助けたいと動いた努力を聞いていたのでしょう。

初対面でいきなり、「資格停止の制裁処分を科していいと思うか？　荒療治でなければ、絶対に変わらないと思う」と、聞いてきたのです。この時はまだ当事者ではありませんでしたが、自分たちの立場ばかり主張する関係者にうんざりしていたので、「そのくらいの厳しさで臨むべきでしょう」と答えました。

それからほぼ1カ月間、結局、2リーグを統一するための改善策を何も提示できずにとうとう時間切れ。11月25日、日本のバスケットボール史上だけではなく、日本のスポーツ界としても恥ずべき無期限の資格停止処分という制裁がＦＩＢＡから下されたのです。

怒りを込めて恥ずべきと断じたのは、選手たちが国際試合に出場できなくなる異常ともいえる事態を、協会が招いたからです。協会の存在意義とは、選手の利益、選手の活動を最大限に支援するものです。まして、男子のいざこざのために、世界大会に出場する女子のユース年代、16年のリオデジャネイロ五輪出場をかけて、予選を戦うアジアナンバーワンの女子日本代表まで出場停止に巻き込むなど僕には許せない。怒りがこみ上げてきました。

非常事態にも危機感がなく、まるで他人事のような言動をする関係者に対しても、強い怒りが湧いていました。

さらに、関係者の間で、日本代表の強化について驚くほど関心が薄かった。Jリーグを立ち上げる時、私たちサッカー関係者の誰もが、日本代表を、過去夢破れてきたW杯という世界最高の舞台に立たせるんだ、そのための強化を果たすプロリーグなんだと、そこは結束していました。将来のために何をすべきか懸命に考えるのが、先人の任務であり、協会の使命に決まっている。

ところが、日本代表を強化するために統一するなど、何の利益があるのか、このままで十分、リーグがそれぞれ成り立っているとまで言う関係者がいた。日本男子バスケが最後にオリンピックに出たのはいつだと思っている？　76年のモントリオールじゃないか！ここまで来ると、怒りを超え、はらわたが煮えくり返ってきました。

12月にバウマンにもう一度会い、日本バスケットボール界の改革の先頭に立って欲しいと依頼を受け、文科省、日本体育協会も全面的にサポートしてくれる体制ができたと聞いた時には、この仕事をできるのは自分しかいない、と即答し、改革に向けたタスクフォース（作業部会）共同チェアマンに15年1月、就任したのです。

## コペルニクス的転回で臨んだ改革

Jリーグはゼロから立ち上げたので、長い時間をかけて準備をしていました。新しい考え方を皆さんに早く、深く理解してもらおうと、入念な準備を元に、理論武装で臨もうと考えました。読売新聞の渡辺恒雄主筆をはじめ、Jリーグに向けられた様々な疑問、反発、不満に、ただ反論するのではなく、むしろPRの絶好機として自分たちの理念を徹底的に説明する。そういう戦略を取りました。

しかしバスケは、2005年のbjリーグ設立以降、10年近く混乱したまま解決の糸口さえ探れない。女子代表をリオ五輪予選に出場させるためにはどうしても15年6月までに制裁を解除しなければならず、残る時間は4カ月しかなかった。

圧倒的に時間が足りないなか、理論武装に時間を割く方法論ではなく、コペルニクス的転回という、発想の大転換を基本に据えようと考えました。コペルニクス的転回とは、ドイツの哲学者カントの「純粋理性批判」の中の言葉で、天文学者のコペルニクスが天動説ではなく、正反対の地動説を唱えたのに由来し、発想の180度転換の意味も持っています。

第1回のタスクフォースの会見で、ここまで堂々巡りだった状況について「行き詰まった現状も、180度発想を変えれば、いい方向にいくかもしれない。常識を外れてもいい。コペルニクス的転回。そしてプレイヤーズファーストで行きます」と話しました。

FIBAから解決を求められた課題は

1. 協会のガバナンス（組織統治）
2. 男子リーグのNBLとbjリーグの統合
3. 男女代表の強化体制の確立

この3つでした。

## 会議の取材を全公開へ

チェアマン時代も、サッカー協会でも、メディアの問いに答えずに無言で貫く、という選択肢は全くありませんでした。もちろん、何でもかんでも先に話すようなルール違反はトップとしてできません。一方で、今はこういう方向に進んでいる、とか、何が問題なのか、といった現在地について、むしろできるだけ明確に、メディアに知ってもらうのはとても重要です。

何も面白い話が出ない、閉鎖的だと思われる取材に、記者が来てくれるとは思えません。あの会議に行けば、あの取材に行けば、何か記事になるかもしれない。そんな期待感を持ってもらえる情報の提供は、競技団体にとって必要だと考えてきました。

一般的には、重要会議の冒頭に頭撮り、といって撮影のための短時間の公開がありま す。それが済むと、退室が求められます。撮影しない記者も、この時間に、出席者の席順や態度、表情、どんな様子で雑談しているかなどを観察するそうです。

コペルニクス的転回の手始めに、会議をメディアに全て公開したのです。司会者が退席を促した時に「ちょっと待ってください。最後まで取材してもらって結構です」と声を掛ると、皆さん驚いた様子でした。改革に臨むＦＩＢＡ側のバウマン事務総長に加え、タスクフォースで実際に仕事をしたＦＩＢＡの財務部長でドイツバスケットボール連盟会長の（インゴ）ヴァイスも、こうした方法を受け入れてくれました。

会議中に、バスケットもろくに知らない素人が何を言うんだ、といった批判が出るのではないか、そういった発言が公開されるのはいかがなものか、と不安視する意見もあったと聞きました。でも、そんな不安なんて一切なかった。

というのも、バスケットボールの記事はマスメディアにほとんど取り上げてもらうことはなかったのです。だから、もし会議で立ち往生するようなことがあれば、メディアは喜んで報道するだろうと。何であろうと世間がバスケットボール界に少しでも興味を持ってくれたらそれでもいいと考えていたからです。

あの当時、朝方、よく目が覚めました。人生で眠れないなんていう経験はほとんどなかったのに、バスケットボール界をどうまとめればいいのか、選手たちをいかに早く国際舞台に復帰させてあげられるのか、頭の中だけで、頭の血管が本当に切れてしまいそうになるまでバスケットについて考え尽くしていたんです。たとえ批判されたところで、バスケットボール界のこれからを自分以上に全身全霊で考えている人なんているとは思えなかった。ですから公開の場で批判を受けるくらい全く何でもありませんでした。

当時は78歳でしたが、Ｊリーグや日本代表という大きな注目を常に集めるサッカーで積み重ねた経験は、時間制限のあるなかでこそ十分に活かせると思って着手したのです。タスクフォースの最初から、２つのリーグの統合も、制裁解除も、間違いなく勝算がある、と確信していました。

15年１月に行われたタスクフォースの第１回
会議後、バウマン事務総長（左端）、ヴァイス
氏（右端）と共に会見に臨んだ ©B.LEAGUE

# あの時の言葉 —14

［弁護士／タスクフォースのメンバーの一人］

## 境田正樹（59）

さかいだ・まさき◎1963年生まれ、大阪府出身。東京大法学部卒。04年に最高裁判所司法研修所に入所し、05年に第二東京弁護士会に登録。15年1月から8月まで、国際バスケットボール連盟「ジャパン2024タスクフォース」の委員として、Bリーグを創設した。

## 「ここが天下分け目の大勝負となった時、川淵さんが見せた決断力、実行力には圧倒された」

第1回のタスクフォースが終わった後、川淵さんと私は、当時最大の難問だった2つの男子リーグの統一を目指し、いってみれば天下分け目の勝負をかけました。2015年2月12日に開催されたbjリーグ代表者会議、同じ日のNBL、2部に相当するNBDL（ナショナル・バスケットボール・デベロップメント・リーグ）代表者会議は、川淵さんがタスクフォースの共同チェアマンに就任して以降、両リーグの関係者に初めて面談する場であり、もしここで話が決裂し、私たちへの反発だけが残ると、全ては水の泡という状況で臨みました。

制裁を科したＦＩＢＡ側は、15年４月末までにｂｊリーグに所属する24チーム、ＮＢＬの13チーム、ＮＢＤＬ所属10チームの計47チームの全代表者に対して、リーグを統合する同意書を提出する手続きを求めていました。しかし、６年も対立を続けてきた両者が、わずか１、２カ月で団結するはずはない。でも、やらねばならない。

そんな状況で時間が迫るなか、私は各チームの社長を全国に訪ねて、制裁解除のためのプロセスの説明と新リーグを設立しなければならない理由を説明し、財務状況を審査したうえで、互いの理解を深める交渉を続けていました。

社長や関係者とのこうした下交渉の感触から、あまり高いハードルを掲げた場合、３分の２が脱落してしまうのではないかと、川淵さんにお話ししたのです。

「分かった」と言っていた川淵さんから、２月12日、天王山の当日朝、電話を受けました。私の意見は十分検討したうえで「やはり今日、二つの会議で具体案を伝えよう。勝負をかけようと思う」と。サッカーでの経験で勝算はあったのでしょう。

それでも会議を前にお会いすると体調はすぐれない様子で顔色も悪い。聞くと、血圧が２００を超えたと言っていました。人間は、何かの、誰かのために、ここまで命がけになれるんだろうかと、圧倒されました。

会議が始まり、新リーグの要件となる

## あの時の言葉—14

・5000人収容のホームアリーナの確保を、自治体と進める
・1、2部、地域リーグのピラミッド型で運営する
・入会届の提出までに、所属リーグに退会届を提出する

を主な柱に川淵さんが演説を始めると、つい先ほどまで体調が悪い、血圧が高いと話していたとは思えないエネルギーと情熱で、会場にいた関係者をぐいぐい巻き込んでしまう。当然ですが、5000人のアリーナ構想は反発を受けました。一方で、キャプテンの構想に一体感にも似た空気が生まれるのも感じました。

天王山の会議で流れが変わり、具体的に新リーグ参加条件を伝えた翌月の第2回タスクフォースでは、もちろん反対はありましたが、「反対集会だと思っていたら、まるで決起集会みたいだったね」と、もっとひどい状況を想定したので、2人で少しだけホッとしたのを覚えています。

状況を把握する正確さとスピード、感受性、ち密さ、そして情の深さ。これらが真のリーダーの要素だと私は学びました。法律家として改革に関わりましたが、振り返ると川淵劇場のプロデューサーをも経験させてもらったのではないか、とも思っています。

## 証言者 | *15*

©B.LEAGUE

［国際バスケットボール連盟財務担当理事／タスクフォースの一員］

# インゴ・ヴァイス

### 川淵さんと私は「誰の言い分も聞かない」という公平さを選んだ

川淵さんがメンバーにいたのは、日本バスケットボール協会にも、私たちFIBA（国際バスケットボール連盟）にも、私個人としてもラッキーでした。

私たちは最初に

1. 短期決戦で目標を定める
2. しがらみを断ち切り更地に
3. 個人の言い分には応じない

と方針を確認し、大仕事に入りました。日本に限らず、「しがらみ」との対決はとても難しいものです。

気の毒な部分ももちろんあるでしょう。しかし川淵さんと私は「誰の言い分も聞かない」という公平さを選びました。

結果的にbj、JBL、NBDLの47チームが新リーグ構想に参加を表明したのは、しがらみを断ってあえて更地にリセットした私たちの手法が正しかったことを証明しました。

彼は、日本人の繊細さを持ち、ニュアンスを捉えて仕事をする反面、世界的なスポーツマンとして固定観念には縛られず、大胆で視野が広い。私もそういう人間でありたいと思わせてくれました。私は、日本人の考え方を理解しようと全体会議の前には必ず、川淵さんと2人だけで打ち合わせをしていました。まさに「アイコンタクト」で、お互い二つ返事で理解し合える関係を作れました。困難な仕事を、私が本当に楽しかった、と振り返れるのは、川淵さんのお陰でしょう。

※2015年Bリーグ開幕時のインタビューから

Profile

国際バスケットボール連盟を代表し「ジャパン2024タスクフォース」に参加。共同チェアマンとして、日本のバスケットボールリーグ統一を実現させた。

## 2　雌伏の時を過ごす男子代表に胸スポンサー

### 孫正義会長からの激励

分裂と対立にあった男子の2つのリーグをなぜ統合するのかといえば、1カ国で2つのトップリーグは持てないと定めた国際ルールがあるためで、それはリーグの実力が日本代表の強化に欠かせない基盤となることを原則とするからです。しかしバスケットボール関係者の中は、自分たちの利益を主張するばかりで、日本代表の世界における現在地になど全く関心がない人が多くいました。

日本男子代表がオリンピックを戦ったのは76年のモントリオールが最後です。FIBAから制裁を受けていた15年の時点で国際大会に復帰できなければ、FIBAには五輪の開催国枠が明確に定められていませんでしたから、20年に控えていた東京五輪にさえ出場できない、そんな瀬戸際に立っていたのです。

サッカーでは、68年のメキシコ五輪で日本が銅メダルを獲得した後、五輪の舞台を再び踏むのに実に28年かかりました。93年のＪリーグ開始から、初のW杯出場、五輪復帰はサッカー界の悲願であり、関係者はそのために結束し、プロ誕生後の96年アトランタ五輪のアジア最終予選を西野朗監督のもと突破しました。以降、東京まで7大会連続出場をしてきました。W杯も7大会連続出場を果たしました。

およそ40年以上も、五輪から遠ざかっている代表にどんなモチベーションを与え、価値を見出すか。懸命にそれを考えていた時、ソフトバンクの孫正義会長のスポーツへの深い理解に助けられBリーグを立ち上げることができたのです。会長と交わしたやりとりには今でも色々な感情がこみ上げて来ます。

## 10秒間考え抜いて下した結論

孫さんとは、Ｊリーグが開幕当初、Ｊリーグの放送権を買いたいと表明された頃からのお付き合いで、当時は、すでにNHKと契約していたためにこの話はまとまらなかった。しかしその後もゴルフなどを通じて、お付き合いの機会がありました。バスケットボールで新リーグの構想が進むなか、メインスポンサーはなかなか決定しませんでした。海の物とも、山の物ともつかぬBリーグに対する支援に、企業のトップが最終的な決断を躊躇している、と報告を受けていたところ、孫さんが、Bリーグに興味を示して下さっていると聞き、直接、連絡を取りました。

「健全な肉体に健全な精神が宿るスポーツの存在が、今こそ大事な時です。難しい改革に全力を注ぐ川淵さんを応援しています」と電話で激励を頂いたうえに、メインスポンサーに名乗りをあげてくれるという。何カ月も決まらなかった他企業に対し、孫さんと契約を結ぶまでわずか1日半。僕も決断は早いと自負するところですが、そこに大きな金額が伴うのですから、その決断力にはとても敵いません。

分裂から統一、そして準備が進む男子の新リーグにとって、ソフトバンクグループとのこの大型契約は、強固な財政基盤を築く支援であり、同時に、あの孫さんがバスケットボールを応援しているぞ、という、バスケ界にとって本当にパワフルな看板を社会に向かって立てて頂く効果を持っていました。

契約が決まった後、孫さんが持つ豪華な料亭風の部屋で食事に招待されました。その時、孫さんに思い切って、どこからも支援を受けられていなかった男子代表の胸スポンサーになって頂けないかと相談を持ち掛けました。

すると、「私は負けるのは好きではありません。ソフトバンクは、最強のチームに対して付ける名前ですので、それはできません。しかし、グループの関連会社、スポーツナビならば考えますよ」と、孫さんが言うのです。

「もうそれで十分です」と答えると、「金額は川淵さんがここで決めて下さい、言い値で構いませんよ」と続ける。

エッ？　と、さすがの僕でも何も言えずにぼう然としてしまいました。

即決、と言われるとは夢にも予期しませんでしたから、チェアマン時代、またサッカー協会時代の様々なスポンサーの契約金額が頭の中をかけ巡りました。

40年近くオリンピックから遠ざかっている男子代表に、孫さんにバックアップしてもらう価値がどれ程あるんだろうか？

サッカーでの金額を前提にしても、常識的に考えればこのくらいか……。

孫さんにお願いしますといって、人気、実力から考えても何千万円というのでは失礼では……。

思い切って5億、いや、そこまで言うと、何と厚かましい身の程知らず、と思われるだろう。

とほぼ10秒、それ以上悩んだ感覚はありましたが、そこで、3億円、と口にしました。孫さんには、ハイ、分かりました、それで、と、本当に即決して頂きました。

その晩、自宅に戻ってから、もの凄く悩みました。孫さんはきっと、僕が10億だ、5億だ、と、どんな金額を提示したとしても、はい、分かりました、それで、と了承してくれたに違いありません。

だからこそ、冷静に考えてみました。

モントリオール五輪から40年近く出場していない代表チームの胸スポンサーーに、3億円の価値があるんだろうか？

あるわけがない。ここまで、スポンサーがほとんど、日本代表に付かなかったのだから。法外な金額を厚かましく言ってしまったのではないか。

そんな自問自答を繰り返したのが忘れられません。でも自分で得た結論は、それ以上でもない、それ以下でもない。バスケットボールの将来を見込んでの妥当な金額だと納得しました。

ただ、選手や現場にとって、自分たちに胸スポンサーが付いた変化は、特に気持ちのうえで大きかったのです。タスクフォースの改革策をＦＩＢＡが承認する形で制裁が解除された翌月のアジア選手権（15年9月、中国・長沙）では、男子バスケットボールを引っ張ってくれる存在として期待してきた田臥勇太がキャプテンとなって、実に18年、４大会ぶりの４強に進出しました。この結果で、16年リオデジャネイロ五輪世界最終予選に進み、最終的に五輪出場は叶いませんでしたが、自国のリーグと代表が両輪として強化を推進する方向性を、誰もが確認したはずです。

日本を代表する経営者、孫さんにお願いした金額は、その後の代表の健闘ぶりを見て、あの時、あの評価で間違っていなかったんだ、と、自分の判断を結論付けています。

## あの時の言葉——16

# 「大事なものはとてもシンプルで、それは情熱だと教えられた」

[バスケットボール元日本代表／宇都宮ブレックス]

## 田臥勇太(42)

たぶせ・ゆうた◎1980年生まれ、神奈川県出身。能代工業高(秋田)時代に初の3年連続高校3冠獲得。04年にフェニックス・サンズで、日本人初のNBAプレーヤーとなった。08年にリンク栃木ブレックス(宇都宮ブレックスの前身)に加入し、16年にはキャプテンとしてチームを初代Bリーグ王者の座に導いた。

NBLとbjが分裂し、バスケット関係者ではない川淵さんが真っ先に、そして物凄いスピードで僕ら選手のために動かれている時、もしかすると、分裂している今こそ、バスケットボール界が初めて同じ方向を見てまとまっているんじゃないか、光が見えているんじゃないか、と、自分もその大改革の大波の中に加われている感覚が湧いていました。そういう一体感を与えられた。

分裂した状態に、誰もが統一なんてどうせ無理だ、とどこかで慣れてしまっていたのかもしれません。だから、長期間、FIBA（国際バスケットボール連盟）から統合するように言われていたのにバスケットボール界は動かなかった。とうとう資格停止という制裁を受け、これじゃぁダメだよ、女子を巻き込んじゃうよ、と分かっているのに、慣れてしまったのか関係者の動きは鈍かった。

そうした状況でバスケットには関係のなかった方が、誰より深刻な危機感を抱いて先頭に立って僕たちを引っ張り、守って下さったから今がある。今回の取材を受けるにあたって、改めてこのことを、僕ら選手、バスケット界は絶対に忘れちゃいけないなと思っています。

初めてお会いした時、僕に「サッカーのカズ（三浦知良）みたいになってね」と優しく、でも強く、説得力のある言葉をかけて下さいました。改革のメスをグッと入れ、あっという間に手術を成功させてしまう。そういうイメージとは違いました。選手への深い愛情を強く感じ、カズさんみたいになって、という言葉をこう解釈しました。

続けられる環境は、川淵さんが整えて下さる。だから選手はやれること、やるべきことに、しっかり集中してやらなくてはいけないんだと思えました。

キャリアの中で、これからをどうバスケットと向き合うか考える時期とも重なり、カズみたいに、との言葉に、新しくなるバスケット界を自分が引っ張らなきゃ、子どもたちの目標になり、ファンが楽しめるプロスポーツを築こうと使命感が湧きました。36歳の自分にとってその使命感は重荷ではなく、むしろワクワクする新しい世界への挑戦心に変わりました。

もしあそこで制裁の解除に時間がかかっていたら、自分は、どこでプレーするんだ、どんな契約をすればいいんだ、と、バスケットボール以外の、もっと他の事柄に神経を使わざるを得なかったはずです。

改革の大きな波の合間から川淵さんの姿を見ながら、考え方も学びました。それは、大事なものはとてもシンプルなんだということです。

分裂中、誰もが大事なものが分かりにくくなってしまい、周辺の、もしかすると余計な事象に囚われてしまったのかもしれません。でも川淵さんは、全ては選手のため、とただ一点に向かって全力を注ぎ、絶対に後ろなんて振り向かない。周りにいる誰１人にだって、後ろを振り向かせてなるもんか、と引っ張っていたように僕には見えました。

大事なものはとてもシンプルで、あの時僕は、それが情熱だと学びました。競技にかける情熱を絶やさない、そういう生き方をしたいと思う。

Bリーグの初年度に、もう一度お目にかかり、今、東地区の1位です、と報告すると、「そうか、何事も一番は素晴らしい！」と心から喜んで、叱咤してもらいました。嬉しかったですね。そうだ、チャンピオンを目指すんだ。シンプルに勝とう！　と。

Bリーグも7シーズン目に入り、僕も42歳になりましたが、正直、バスケットへの情熱は増すばかりです。ルーズボールを追う、取る、そういうプレーも奥深くて、どんどん究めたくなる。転がっているボールは絶対に誰にも渡さない。そんな気持ちでプレーできている今が、とても楽しく充実しています。川淵さんには感謝しかありません。

## 3　芝生からアリーナへ　再びチェアマンに就任

### 目標は5000人のアリーナで主催試合8割の開催

タスクフォースのチェアマンとして、NBL、b.jリーグの関係者と面談し、議論をするより前に、「数字」を示す方法を選びました。両者と長時間の話し合いをしても、自分たちの立場を主張するでしょうし、しがらみを断ち切り、未来志向で行くにために目標の提示が先だと考えたからです。

新リーグに参加するクラブ（1部）は5000人のホームアリーナを持ち、30の主催試合8割を行う。

15年に入って両リーグそれぞれの代表者会議に出席し、新リーグ構想の私案を先ずこう伝えました。

唐突に何を言い出すのだ、そんな提案は無理に決まっているではないか、自治体がそんなアリーナを造ってくれるがはずがない。大体5000人収容の体育館など日本には数カ所しかない。5000人収容のアリーナのインパクトに、全員から猛反発を受けました。しかしそう反発されるのも予想通りで、勝算ありと確信していました。

反発する背景には、体育館を自由に借りられないという切実な問題があり、多くのクラブがひとつの体育館を押さえられないため、県内で7、8カ所を回り、bjでももっとも借りている体育館が少ないとされた沖縄でも3カ所を使っている状態でした。

また、自治体の持ち物だから、と、土足厳禁で、観客がスリッパに履き替える。物販は禁止で飲み物も買えない体育館が大半でした。これら規則は管理者（自治体側）のためであって、観客を考えたうえでのルールではありません。これもまた、コペルニクス的転回の発想で、観戦者こそ主役だとする視点で、大胆な改革に取り組まなくてはなりませんでした。

北海道の関係者からは「ひとつの体育館で8割の試合をするのはむしろマイナス。道内を回った方が沢山のファンに見てもらえるし、地域に根差す」との意見が出ました。それに対しては「北海道日本ハムが札幌ドーム一杯のファンを集めている現状を、どう分析しているの？」の一言で納得してくれました。

北海道日本ハムファイターズは札幌ドームから23年、「エスコンフィールド」と新たな野球場をオープンさせ、周辺施設を含めた「北海道ボールパークFビレッジ」は観戦のみならず、集客のコンセプトをさらに広げて、全道ばかりか全国、海外からもファンを集める施設になっています。

自治体の体育館の使用日数を、バスケだけで30日近く押さえるのは困難だ、との声が多数でしたが、Jリーグでも「1万5000人のスタジアムなんて、サッカーのためだけに造れるわけがない」と、猛反対された経験がここでも最大限に活かされました。そこで「皆さんは体育館の管理者、例えば市役所の中の体育館担当部署と話しているのではないですか？　話す相手が間違っています」と、知事や市長とのトップ交渉を促したのです。

Jリーグが始まる前、横浜市の三ツ沢球技場の観客席の増設、照明の新設を横浜市の高秀秀信市長にお願いした際、これはサッカーのためではない、環境整備によって自分たちが誇れるクラブが誕生すれば、老若男女が応援し、生きがいや幸せを感じられる、それが自治体の活力になる、そして将来、市民の誰もが好きなスポーツを楽しめる施設をクラブは造っていきますと、ありったけの情熱を込めてプレゼンをしました。

高秀市長はすぐに、分かりましたと決断し、それが各自治体の判断に大きな影響を与えてくれました。80歳になろうという時、さすがにBリーグに参加を希望する全クラブの自治体を回り、情熱たっぷりのプレゼンはできませんでしたが、Jリーグの時よりもはるかに早く、深く、自治体が協力体制を表明して下さる手応えを感じていました。

最初にbjリーグの「岩手ビッグブルズ」の試合を盛岡に観戦に行くと、谷藤裕明・盛岡市長が、「私たちは5000人のアリーナ構想に賛成しています。造りますよ」と言って下さり、これには飛び上がらんばかりに喜びました。有り難い「ファーストペンギン」は、谷藤市長だけではありませんでした。

川崎の東芝ブレイブサンダースは、フロンターレと並ぶプロスポーツが、川崎市民の誇りになる、と、5000人のアリーナを造ると関係各所との交渉を表明して下さった。もともとバスケットボールへの理解が深かった沖縄は先端のアリーナ構想を明らかにし、琉球ゴールデンキングスのために、1万人規模のアリーナを造るという。それはまさに桑江朝千夫・沖縄市長と木村（達郎）社長の尽力のおかげでした。コンサートで素晴らしい音響効果を備え、防災拠点にもできる新たな発想でした。

そして、沖縄アリーナは、23年夏にフィリピン・インドネシアとの共催で開かれる「2023年FIBAバスケットボール・ワールドカップ」の会場に選ばれました。素晴らしい最先端のアリーナで世界最高峰のW杯を観戦できるとは、夏が楽しみで仕方ありません。

Jリーグの立ち上げから、脱・前例踏襲主義を掲げて、役職の名称などを変えて来た一方、自治体など横並びに配慮する組織の場合は、前例が変化に推進力を与えてくれるケースが多いと理解しています。

プロスポーツと自治体が高いハードルを共に乗り越える理由は、それが市民の幸福に繋がるからに他なりません。サッカーはこうした自治体と、地域密着の価値を創生しました。

バスケットボールの新リーグを立ち上げようと自治体と話すなか、30年以上前の高秀市長の英断や、「1万5000人収容の屋根付きサッカー専用スタジアムを造るなら参加を認めます」などと無理難題を言ったのに、本当に日本初のサッカー専用スタジアムを造ってくれた鹿島の皆さんとの日々が、本当に懐かしく蘇ってきました。

21年、沖縄市に完成した沖縄アリーナ。約１万人の収容規模を誇り、ゴールデンキングスは22－23シーズン年間王者に初めて輝いた ©B.LEAGUE

## リーグ設立の土壌になった若い人材の存在

サッカーと同じだった部分もあれば、大きく異なった点もありました。バスケットボール界には素晴らしい人材がすでに揃っていました。

反対派には、僕を「バスケの素人」と批判する声が常にありましたが、目指す方向が定まって最短距離を行こうと働いているのですから、気にはなりませんでした。

タスクフォースが始まる前から、もうボロボロになるまで自著を読んだうえで、質問やアドバイスを求めに来てくれたクラブ関係者もいました。とても驚きました。また、プロが始まるならば、と、Jリーグ創生時期の話を勉強会を開いて自分たちで研究した若手リーダーもいた。本を読んでいるから嬉しいといった話ではなく、それほどやる気があるんだ、と、若手経営者やGM（ゼネラルマネジャー）の意欲に感動させられました。

Jリーグの発足時は、みんなサラリーマンとしての仕事と兼任しながら懸命に時間をやりくりしていましたし、それぞれが企業のトップに立つ優秀なサラリーマンではありましたが、アメリカでプロスポーツのマーケティングを学んだ、などという専門家はいませんでした。

しかしBリーグの発足時には、しっかりとした経営手法でスポーツに取り組んでいた千葉ジェッツの島田慎二さん（現チェアマン）ら頼もしい経営者がいました。木村達郎さんは、筑波大ではバスケ選手、その後アメリカ留学をして、文字通り「徒手空挙」で沖縄に降り立ち、bjリーグ琉球ゴールデンキングスを設立しました。さらに、秋田ノーザンハピネッツの水野勇気社長も秋田出身ではないが、地域に根差してクラブ作りをしている。49歳まで現役だったレバンガ北海道の折茂武彦社長ら、40から50代の若く多種多様な経営者たちです。マーケティングも「Jリーグを参考にしています」と、数字を上げられる人材が中心となってクラブ作りをして行こうとしていました。

Jリーグの際には、走りながら考える、と、トライアル＆エラー（試行錯誤）を掲げました。しかし2つ目のプロスポーツを立ち上げるなかで、サッカーでの試行錯誤に加えこうした若い人材の存在が、リーグ設立の土壌になったのだと思います。

©B.LEAGUE

# あの時の言葉 — 17

[Bリーグ第3代チェアマン]

## 島田慎二(52)

しまだ・しんじ◎1970年生まれ、新潟県出身。日本大法学部卒。旅行会社などを起業し、2011年から千葉ジェッツ（当時bjリーグ）の経営に携わり、12年に代表取締役となる。17年からはBリーグのバイスチェアマンを兼務し、20年にチェアマンに就任。日本バスケットボール協会副会長も務める。

## 「『面構えがいい』とホメられたのかどうか分からなかったけど、あの面談で全てが始まった」

2015年4月にBリーグの参加クラブが決定するかどうかという激動の時期だったと思います。

私は当時千葉ジェッツの社長で、タスクフォースから参加していた境田（正樹）弁護士に、川淵さんと会って欲しい、すぐにミーティングをしている議員会館に来るようにとの連絡を受けて急ぎました。到着すると、当時はBリーグの立ち上げで本当に忙しい時期でしたから体調が良くないので、もうお帰りになった、と行き違いになってしまいました。スケジュールを調整しましょうと、約束を再度したのですが、またも体調が悪いのですぐに帰る、と言われたんです。

でも、ひと先ず5分でもいいからとにかく会って話そう、と初めてお話ししたら、初対面から一気に沸点に達したように、面談は1時間にも及びました。波長が合ったんでしょうか、エネルギーが満ちた時間でした。

急に、ジェッツを辞められるか？　と言うので、いえ、私はジェッツの社長でまだやるべき任務が山積みです、とそんな話をしたと思います。今のバスケットボール界をどう思うか、2つのリーグが存在したbjリーグとNBLの問題、ジェッツの成長の理由やビジネスモデル、どんな問題意識を持っているかなど、次から次へと質問攻めでした。後に、まだ先ではあるけれど、川淵さんは、自分の次のチェアマンをどうすればいいか、どんな候補者がいるか、色々な関係者に聞きながら相当な人数に会っていたと聞かされました。

「キミはいい面構えしているなぁ」と、ホメられているのかそうでないのか、よく分かりませんでしたが、あの初面談から全てが始まりました。川淵さんという、私にとってはいわば歴史上の人物を近くで見て、学べる幸せに恵まれたんです。

印象に残るのは、会議の席上でただの一度も、それはどういう意味か？　とか、今の話をもう一度説明して欲しい、などと、と聞き返さなかった姿です。私は川淵さんからそういう言葉を聞かなかった。

バスケットボールが分からないのに何の改革ができるんだ、といった空気は常にありました。でも川淵さんは、そんな声にたじろぐなんて一切なかった。徹底的に過去の資料、別の競技のデータを読み込んで勉強しロジックを組み立てる。そして全身全霊で人の話を傾聴する。スポーツ界の将来を真剣に思い、誰よりもピュアに任務に取り組む。その集中力には凄みさえ漂っている。だからこそ、もう1回言ってくれ、なんて聞き返したりしないで、やり切ってしまうのでしょう。

綿密なロジック、それを実現するバイタリティが、スポーツの歴史を塗り替えてきた原動力なのかと思いました。川淵さんの近くにいると、自分にもエネルギーが満ちてくるように感じます。スポーツの歴史を変えてきた人物は、独特な空気感をまとっていて、人を引き付け、優しい。親父みたいに思う時もありますし、あんな男になりたいと思わせてくれる。

23年8月にはバスケットボールのワールドカップが沖縄でも行われます。日本バスケットボール界を長い分裂から救って、オリンピック出場を叶え、プロリーグを確立して下さった。私たちだけではなく、ファンも、選手も含めて、こういう場で心からのリスペクトを表したいと思い、沖縄に招待し、席を準備しています。もうずっと前からスケジュールを空けて下さいとお願いしているので、実現するのを楽しみに、みんなで張り切ってます。

## 4 「横串」がカギだったバスケットボール界の再編

### JBA63万人の登録者に見えた潜在能力

統一した新リーグを立ち上げる目途が、意外にも早く進行し、少し安堵していたのは、分裂、対立を続けた男子2リーグの統一こそが、FIBAからの制裁解除に向けて最大の難問だと考えていたからです。

ところが、最大の問題は分裂した2リーグの統一よりも、それらに何の策も講じないまま、制裁を受けた当事者、日本バスケットボール協会（JBA）にあったのです。

02年にサッカー協会の会長に就任した際、全職員75名と1人30分の面談をしながら、細かい問題点の把握に努めましたが、JBAは細かいも何も、そもそも組織としての体をなしていませんでした。

15年3月に行われたJBAでの「ガバナンス勉強会」は、恐らく、バスケットに関わったなかでもっとも強く怒りを露わにした会合だったのではないかと思います。

バスケットボールの登録者は、当時、実に63万人以上いたのです。サッカーはＪＦＡの方針のもと、登録者＝サッカーファミリーとして、増員、ファミリーとどう連携するかが協会の重要な施策のひとつです。当時で登録者は約95万人。

調べてみると、バレーボールが40万人ほどでしたから、バスケットボールの63万人は球技の中では立派なもので、特に女性が多い点には潜在能力があるように思いました。女性が積極的にスポーツに参加すれば、子どもも、家族も一緒に巻き込んでくれるからです。

ところが、この重要な登録料の徴収が、実にいい加減なものだったのです。

成人選手は1人１０００円、ユース年代（U15〜18）は５００円、それ以下は４００円で、集めるのは各都道府県協会。ところが実際に徴収する金額がそれぞれの協会で異なっていたのです。ＪＢＡには成人選手の１０００円を納めさえすれば、残る登録料は地方協会が取るという仕組みです。それを、バスケットボールの環境整備、草の根の活動に活かすのであれば問題はないでしょう。ところが会計処理も不透明で、報告書もない。

こうした各都道府県協会の経理の不透明さに加え、大学連盟などＪＢＡに含まれる12の関連団体との会計でも決算報告書も協会で把握していなければ、活動状況の報告書も存在しない。それなのに、ＪＢＡの補助金が毎年支給されている。ガバナンスゼロといえる状況で、スポンサーとの関係も不透明なものでした。

自分たちの背後には、登録料を納めてバスケットボール界を支えようとしてくれる人たちがいるんだなどとは全く思っていない。

15年3月の勉強会では「あなた方には、自己犠牲を払ってでも、登録者、選手のために尽くそうという気持ちすらないのですか？　こんな体たらくで制裁解除ができると思っているんですか？」と言わざるを得ませんでした。

最近では、アンガーマネージメントといって、怒りの感情と上手く付き合うためのトレーニングが注目されています。例えば、6秒間忍耐する、といったひとつの方法もあるそうです。バスケ改革の頃は、新聞でもテレビでもしょっちゅう、顔を真っ赤にしている姿ばかりクローズアップされ、怒るといえば川淵三郎、「怒りのチェアマン」なんて思われていたのかもしれません。

しかし僕にとってのアンガーマネージメントは、怒らないためではなく、怒らなくてはならない問題をいかに理論を備えて伝えられるかなのです。怒って感情を露わにする時ほど、何故そこまで怒るのか、今、怒る理由は何か、を明確に伝える努力をしました。

## 初の女性副会長は他競技のオリンピアン２人

ＪＢＡのガバナンス改革を急がなくてはなりませんでした。ＦＩＢＡは15年６月に理事会を開く予定で、５月中に新理事会の体制を報告すれば、制裁解除へ加速できると考えたからです。旧理事25人の皆さんも、僕のやり方に腹立たしい思いをしていたと思いますが、総辞職を認めてもらい、新しい理事会のメンバーには明確なコンセプトを持って入ってもらおうと決めていました。

ひとつはバスケットボール界にしがらみのない人たち。もうひとつは、スポーツの知識、他競技でのキャリアが豊富な方々。16年６月までの理事会を運営するＪＢＡ会長に暫定的に就任し、副会長には、体操で、64年東京五輪に出場した小野清子さん、バレーボールでロサンゼルス五輪銅メダリストになった三屋裕子さんと、女性オリンピアン２人にお願いしました。

２人を選任したのは、お２人がオリンピアンで女性スポーツのパイオニアであり、スポーツへの造詣にとても深いリーダーであったからです。登録者63万人の半分が女性であるバスケット界に、必ず素晴らしいアイディアをもたらして下さると確信しました。

また、ＪＢＡは過去、要職に女性を起用した人事がなく、こうした古い考えをも刷新し、ＦＩＢＡに対してだけではなく、日本のスポーツ界全体にも女性の活躍を印象付けられる点も大きい要素でした。

最後に、もっとも大きな狙いは、スポーツ界に「横串」を通したいとの願いにありました。会長はサッカー、女性副会長２人は体操とバレーボールで３人ともオリンピアン。その起用に対してバスケ界に不満の声があがっていたと聞いています。しかし夢や理念を語り、それに向かってビジョンを立ててみんなで突き進んで行くのは誰のためかと言えば、自分ではなくて、選手、ファンのためでなければならないでしょう。

当時サッカー協会の大仁（邦弥）会長は、法人化を目指すバスケの各地方協会のために、サッカーの地方協会に対して、全面的に協力をして欲しいと書簡まで送ってくれました。

日本のスポーツ界は、組織の改革、ガバナンスの強化をはかるために、互いに余裕があれば人材を派遣し、資料を共有し、組織をあげて協力し合う。そうすべきです。新たなプロリーグの誕生のプロセスは、日本のスポーツ界全体、新たな関係構築にも何か変化をもたらすもので、残す価値のある作業だったと思っています。

当時のあるインタビューに、バスケ改革を「デゴイチ」（D51）のようにぐいぐいけん引して行けるように頑張ります！　と答えているものがありました。機関車から出る蒸気のように、怒りを燃やしてパワーに変える、そんな改革だったのかもしれません。

©JBA

［バレーボール元女子日本代表／日本バスケットボール協会会長］

## 三屋裕子（64）

みつや・ゆうこ◎1958年生まれ、福井県出身。筑波大大学院修了。現役時代は日立製作所で、女子日本代表の主力として84年ロサンゼルス五輪での銅メダル獲得に貢献。引退後は、Jリーグ理事、株式会社シャルレ社長、日本バレーボール協会理事などを歴任。15年に日本バスケットボール協会副会長となり、16年から同会長を務める。21年には日本オリンピック委員会副会長に就任。

# あの時の言葉 — *18*

## 「三屋さんが会長に就任し、私は院政を敷きます！そう宣言され、思わず吹き出しそうになりました」

日本のバスケットボールがＦＩＢＡ（国際バスケットボール連盟）から資格停止処分を受けた頃、わー、大変だなぁ、リオデジャネイロ五輪（２０１６年）の予選もあるのにどうなってしまうんだろうと、まるで他人事のようにニュースを見ていたのを覚えています。当時、大神雄子（バスケットボール女子日本代表）が、あるインタビューで、男子の問題で私たち女子がオリンピック予選を戦えないのはとても悔しい、と発言しているのを読んでいましたので、その気持ちはよく理解できました。

でも、ここまで難しくなっている2つの男子リーグをひとつにできるんだろうか？と思っていたら、川淵さんがタスクフォースのチェアマンに就任され、タスクフォースの会議も進んでいくなかで「急に話がある」と、連絡があり、サッカー協会に伺いました。

ＦＩＢＡからはバスケットボール協会のガバナンスの再構築が課題にあげられていました。協会の理事は全員が退任し、新たな理事会を誕生させる、そこでオリンピアンの大先輩でもある小野清子さん（64年東京五輪女子体操団体銅メダリスト）と私に副会長を、と川淵さんに打診されました。

私はバレーボールの出身でバスケットボールは詳しくない。でも小野さんも体操、そして副会長2人が女性。川淵さんからは、日本のスポーツ界は縦割りで、違う競技、違う団体にもっと横串を通していかなくてはいけない、そして女性にも競技団体のトップに出てもらわないと世界的な流れにも付いて行けない、といった話を聞きました。

あれだけの実績があるのに、過去に成功した方法に頼るのではなく、新しく女性副会長2人を置いて、競技も全く違うけれど横の連携を持たせる。あぁ、そういう風に考えているんだと、その新しい感性に感心させられました。川淵さんのリーダーシップは、剛腕と表現されるケースが多いと思います。もちろんそれが大切な場合もあります。でも私はこの横串と女性の話を実際に聞きながら、剛腕とは違う、柔軟性や感受性の豊かさといった柔らかさを強く感じました。

大神選手の話の通り、女子はとても気の毒でした。川淵さんはリオデジャネイロ五輪の予選を控えていた女子代表選手たちの合宿に真っ先に訪ね、本当に申し訳ない、何とか今年の夏には資格停止処分の解除ができるように全力で改革する、と頭を下げて謝罪をしていました。

この頃バスケ界には、両リーグが対立して長年解決策がなかったのに、競技を知らない川淵さんに何ができる？　といった反発は確かにありました。

ある評議会の際、評議員から、改革には期待しています、でも、ここまで何があったのか、どういう問題だったのか、10年もの問題をきちんと総括することが必要ではないか、と意見が出たんです。川淵さんは即座に、「総括はしません！　大体過去の総括なんてしている時間があるとでも思っているんですか！」と強い口調で言い切ったんです。その力強い言葉に拍手も湧きました。

隣で聞いていて、わー、総括しないんだ、言い切っちゃうなんて凄い信念だ、と驚いてしまった。あの時言い切った理由は、川淵さんの頭には、オリンピック予選に出られなくなってしまうかもしれない女子選手たちに意見交換や合宿で会った時のひどく不安そうな顔が、鮮明にあるからだと分かりました。役員が総括とか、組織について話すのは選手のためではありません。何を言っているんだ、協会のガバナンスのために、一番気の毒な思いをしているのは選手じゃないか、そういう強い怒りのエネルギーでしょう。

私が副会長から会長に就任した年の評議会には、処分解除後の日本バスケットボール界をウオッチする目的もあって、異例ですが、FIBAからスコット・ダーウィン氏がオブザーバーとして出席されました。川淵さんはそこで、「今日から三屋さんが会長に就任します、そして私は院政を敷きます！」と言ったんです。

川淵さん、三屋を会長にして院政を敷くんじゃないの？　と、普通であれば第三者に揶揄されかねないところなのに、本人が真っ先に宣言する。私も思わず吹き出しそうになりました。でもこういうユーモアは、剛腕、独裁といったイメージとは全く違って本当にチャーミングで、キャプテンはだから多くの人に愛されるんだろうなと思います。

# 第6章

# 見えないキャプテンマークと生きる

## 1 受けなかった要職と五輪選手村村長

### 2度の出馬要請と天の声

2008年、3期6年務めた日本サッカー協会会長を退きました。古河電工に勤務していた51歳で、関連会社に出向を命じられる左遷に遭いました。それが契機となってサラリーマンではなく、サッカーで生きると決めてから協会会長を退任した71歳まで、本当に全速力で走り続けた思いでした。

これからは、十分にできなかった妻への孝行を含めてのんびりと過ごし、好きなゴルフも一層楽しもうと張り切っていたのですが、実際には、14年に携わったバスケットボールの改革を含めて、のんびり過ごす第2、第3の人生とはなりませんでした。

サッカーを離れたのを機に、別の仕事へ誘いを頂く機会も多くなり、少しでもお役に立てればという思いで引き受けました。

10年3月、都内の小学校の校庭緑化など様々な政策でJリーグ、サッカー協会の理念を後押しして下さっていた石原慎太郎さんに呼ばれ、この年の夏の参議院選挙に立候補して欲しいと打診されました。石原さんは、新党「たちあがれ日本」の発起人で命名者でもあり、有難くも熱心に誘って頂いたのですが、話を聞きながら妻の康子の様子が頭から離れませんでした。

サラリーマンの妻としてぜい沢もせず、2人の娘を育てあげ、まるで専制君主のような夫に黙って従ってくれました。そんな彼女が唯一望んでいた静かな暮らしを、サッカー界のトップに就いたために一変させてしまいました。

会長時代には、嫌がらせ電話や郵便が自宅に来るため、強度のストレスを負わせ、娘の出産時の大量出血で使った輸血のために患ったC型肝炎が悪化し、インターフェロン治療の後遺症に悩んでいる時期でした。妻との生活を第一に考えたいと、石原さんにお断りしました。

12年には、副都知事を務めていた猪瀬直樹さん（現参院議員）が、石原都知事の後継として知事選に立候補するので選挙対策本部の責任者になって欲しいという。初めての経験でしたが、猪瀬さんが430万票以上で圧勝し、11年に就任していた都の教育委員、選対本部長と、これまでとは違った仕事も何とか無事に終え、本当にほっとした思いでした。

やれやれと思う間もなく、翌13年が明けると、05年に石原都知事の肝入りで改名した首都大学東京の理事長就任の打診を受け、4月から初めて大学教育に携わることになったのです。こちらは後述します。

13年秋には、20年の東京五輪開催が、アルゼンチンのブエノスアイレスで行われたIOC（国際オリンピック委員会）総会でついに、決定しました。僕も現地で、南米のサッカーの関係者や、各国五輪委員会の関係者と接触するなど記者会見で英語のスピーチを行い、東京を、猪瀬知事を応援しました。ところが年末、猪瀬都知事が招致決定からわずか3カ月で、政治資金問題で辞任する事となり、僕はまたしても都知事室に……。

「東京五輪が決まり、今こそ川淵さんじゃなきゃ東京を引っ張れない。都知事選に立候補をして頂きたい」

石原さんはそう言うと、僕が断る理由の全てに先回りされて、安倍さん（晋三、当時首相）とも今さっき食事をして了解を取ってきた、と言う。妻の健康を理由に断った前回に続き、2度も断るのはさすがに失礼ではないかと逡巡し、とにかく考えさせて下さい、と帰りました。

何日か経って、猪瀬さんが菅義偉官房長官にこの話をしたところ、菅さんは猪瀬さんに対し、「辞任する人間が後継を決めるなんてとんでもない、筋が通らない」と反対したと、石原さんから連絡が入りました。

断る理由が全く見つからず、あの数日は生きた心地がしませんでしたから、菅さんの声が、まるで天からの救いの声に聞こえました。

## 東京オリンピック・パラリンピック組織委員会会長を辞退

参院選、都知事、首都大学東京の理事長、と、過分なまでのお話を次々と頂きましたが、最後に、お断りをする結果となったのは、森喜朗さんが辞任された後の、大会組織委員会会長の話です。

森さんに話を頂いた際、こればかりは個人的な事情を説明している場合ではない、スポーツ界のために最後の奉公なんだ、引き受けなくてはならないと強い使命感を抱きました。当時は、コロナ禍で非常に難しい時期でもあり、IOCの（トーマス）バッハ会長が来日し、新型コロナウイルスへの対策を含めて東京で会議を行うという。時間がないので、返事を先延ばししては良くない、と思いました。帰宅すると大変な数の記者が自宅前で待っていて、僕が話さなければ皆さん帰らない事態でした。近所迷惑になってはいけないと考えて状況を率直にお話ししたのです。

今振り返っても、言わなくてもいい話まで、よくもあれだけべらべらとしゃべったものだと、我ながらあきれてしまいます。あの発言で結果的には、辞任する森さんが後継を決めているといったネガティブな方向に捉えられてしまい、森さんにも大変なご迷惑をおかけしました。その結果、翌日の辞退へと繋がったわけです。

しかし決まってもいないのに川淵が話し過ぎた、と書いたメディアには少し言いたいところです。彼らは玄関でチャイムを鳴らし、「カワブチさんすみません、先ほどの話には間に合わなかったので、もう一度最初からお話し頂けませんか？」と、テーク2を求め、僕はそれに応じたのです。

あの時、今は何もお話しできません、決まっていませんから、なんて、普通に黙っていたらどうなっていたか。オリンピックに夏・冬7度も出場した橋本聖子さん（参議院議員）のような最適任者でなく、僕が会長になってしまうかもしれなかったんですから。それを考えると、あれだけべらべらしゃべるのは、サッカーでもずっと貫いていたスタイル、サービス精神という一番いいところが出て結果よしになった、と自画自賛しています。

自分の人生の中でも忘れられない体験でした。

### 「夢のまた夢」オリンピック選手村村長就任

森会長から、バッハ会長と小池（百合子）都知事了解のうえで、オリンピック選手村村長に就任して欲しいとの要請がありました。律儀な森会長が2019年11月5日、村長就任を直接会って打診したいと、わざわざJFAハウスまで来て下さったのです。こちらは夢のような話でした。

1964年の東京五輪を選手として経験し、56年後に今度は村長として参加する。こんな名誉な話はありませんし、過去、選手村の村長をオリンピアンが、しかも半世紀以上を経て同じ母国で就任するなどという例はなかったと聞きました。まさに「夢のまた夢」です。

一方で、コロナ禍をめぐる選手への批判、五輪をネガティブに捉える動きが一層厳しくなっている時でもありました。

選手村をようやくオープンにこぎつけた内覧会の日、組織委員会・橋本会長と2人で選手村に入り、メディアの皆さんに話をする機会がありました。ほとんどのメディア、記者が五輪反対を主張するなかでしたが、こんなメッセージを、ソーシャル・ディスタンスで遠くに立っていた記者の皆さんにハンドマイクを使って訴えました。

「プレーブック（コロナ対策を記したIOCと組織委員会製作のガイドライン）にありますように、選手の皆さん、かなりの制限をかけられています。マスクひとつとっても、食事の時、練習、試合の時、寝る時以外はマスクをしなければならない。世界中の選手にとっては、かなり大変なものになると思いますし、ソーシャル・ディスタンスとして、本来なら入居した後、一番交流を深めるレストランからもなるべく早く退去するように、と言われています。

そういったなかで、本当にリラックスした、アットホームな選手村にするべく、我々関係者は最大限の努力をしていきたいと思っていますし、それが今後、パンデミックの際のオリンピックの開催に当たって、良い参考になるような、ちゃんとした情報収集も行っていければと願っています。

今日はマスコミの皆さんにひとつお願いがあります。この数カ月間、日本ではオリンピック・パラリンピック開催の可否について、マスコミの議論が行われました。オリンピック・パラリンピックを開催すべきかどうか、という議論ばかりがなされています。しかし、開催の決定権を持つのはＩＯＣであり、日本が討論すべきは返上するかしないかであるはずです。そして、このオリンピック・パラリンピックは、世界に対し、国際社会に対して日本が約束したイベントであるという立場での議論は、ほとんど行われていません。日本の社会と世界との対話、世界の中の日本の立場がどうあるかという視野で、国民の皆さん、特に選手に対して、本当に心からのご声援をお願いしたいと思うんです。

この半年以上、選手は何かモヤモヤした気持ちの中で懸命に練習に努めて参りました。

そしていよいよ大会が近付いてくるにつれて、期待より、本当に実施されるのかどうか、応援されるのかという不安な気持ちで一杯でしょう。選手は自分を鍛えて参りました。思い切って活躍したい、と思えるような国民の声援がないことに、選手は一番心を痛めております。どうかメディアの皆さん、日本の国力、日本の信頼感、日本のプライドを世界に示すために、選手に力を貸してください。選手の皆さんに、しっかり頑張れよ、と背中を押してやってください。

ご支援を心からお願い申し上げます」

（21年6月20日）

2年が経過した今、こうして文字にすると、なんということのない普通のメッセージです。しかし、五輪の開幕を1カ月後に控えたパンデミックの中では、そうではありませんでした。選手村の村長として、とにかく選手の背中を押してあげたかった。

大会中は、各国の関係者に、「これほどの困難の中で開催できたのは、日本の運営能力が高かったからだ」と、感謝され、各国の選手団団長からは、「アスリートを守ってくれて本当にありがとう、開催してもらい心から感謝している」と、直接、村長室で言ってもらいました。選手村のレストラン、病院、女性専用の診察所など、関係者の細部にわたる努力には本当に頭が下がる思いです。

女子バスケットボールの日本代表が銀メダルを獲得した翌日、選手村で、髙田真希主将が僕の首に銀メダルをかけてくれました。そして、16年リオ五輪の前に出場停止の制裁から始まった私たちのストーリーは、この銀メダルへ続いていたと選手たちに言ってもらい、涙が止まりませんでした。

政治には関わりませんでしたが、やはり持ち分はスポーツにあると、改めてスポーツに感謝しています。

21年６月、選手村内覧会に出席。緊急事態宣言下で、橋本聖子大会組織委員長ともソーシャルディスタンスを取った ©AFLO

©W.LEAGUE

# あの時の言葉
## —19

［バスケットボール女子日本代表／デンソーアイリス］

## 髙田真希（33）

たかだ・まき◎1989年生まれ、愛知県出身。桜花学園高からデンソーアイリスに。2009年、女子日本代表に初選出。16年リオデジャネイロ五輪でベスト8に貢献すると、18年からキャプテンとなり、21年東京五輪で日本初の銀メダルを獲得。20年4月にはイベントの企画運営会社「TRUE HOPE」を設立し、社長に就任。

### 「女子には大変申し訳ないと、コートで涙を流した姿を今も忘れません」

2014年11月に、FIBA（国際バスケットボール連盟）から出場停止という重い処分を受けた時、私には大きな目標だった夢のオリンピック出場が、え？　これで消えてしまうの、と漠然とした不安が頭をよぎりました。

このままでは、16年のリオデジャネイロ五輪の予選が始まる15年の8月にも間に合わないかもしれない。大きな目標に向かって1年を切っての制裁は、私たちにとって不安でしかなく、チーム全体のモチベーションにも影響があると感じていましたが、選手にはどうにもできませんでした。

辛い練習だって希望があれば強い気持ちで臨めます。あの頃、女子代表も私自身も、モチベーションを保つのが難しく、一番辛かった。そういう状況でNTC(ナショナルトレーニングセンター、東京都北区)での合宿中に、川淵さんが練習に来て下さった。それまで協会のトップが直接合宿に来るなんて経験がありませんでしたので、激励をもらうだけでもとても嬉しく感じたものです。

私たちを前に川淵さんは、「男子のリーグが分裂したために、女子までこのように巻き込んでしまい本当に申し訳ない」と頭を下げられた。女子を巻き込んでしまった……自分たちは言えませんでした。誰もが口には出せなかった言葉を使って頂けただけでも、私たちは嬉しかった。そして涙を流しながら、「とにかくリオの予選に出場できるよう全力を尽くします。だから皆さんも辛いと思うが、全力でプレーして下さい」と。

ずっと問題視されていた2リーグの問題について、バスケット関係者ではなく、私たちにとってはサッカーの世界で活動されてきた方が、目の前で涙を流しながら謝罪している。本来なら関係ないし、謝る立場ではないのに、どこか不思議な感覚でした。でもその時、この人のために自分も何かしなければ、勝って恩返ししたい、と強く思えました。体育館で泣きながら謝罪された川淵さんの姿は、今でも忘れられません。

U19(19歳以下の日本代表)の女子は、制裁のために世界選手権には出場できなかった事実も私たちは心に留めていなくてはいけません。あの日以降、チームは一丸となって、自分たちのやるべきバスケットボールを毎日しっかりやろう、と気持ちを少しずつ切り替えられたと感じます。

15年の8月に五輪予選が始まり出場を叶え、リオ五輪ではベスト8に進出しました。準々決勝で世界ナンバーワンのアメリカに敗れましたが、制裁を受けた辛い時期、リオ、東京五輪へのチャレンジは必ず1本の道のように繋がっていると私は捉えていました。これで終わりじゃない。東京でアメリカに勝つんだ、と。

コロナ禍で東京五輪の延期と、またも自分たちの力ではどうにもならない難しい事態にはなりましたが、私たちはそういう時こそ、やるべきことに集中していこうと思いを共有していました。

川淵さんが五輪の選手村村長に就任した時、結果で恩返ししよう、とみんなが思っていましたし、実際に銀メダルを取った後に、一刻も早くお会いしてメダルをかけたい、と村長室を訪ねたんです。その時も「おめでとう、おめでとう」と泣いていました。その姿に、やはり、あの制裁からここまで道は繋がっていたと確信しましたし、リオ五輪前に始まったチャレンジが本当に報われ、恩返しできたんだとホッとしました。

記者会見では「何かいい話や言葉を考えてメディアに取り上げてもらおう。自分たちをどんどんアピールし、バスケットを盛り上げなくちゃ」と常に言われていました。その教えや、川淵さんが固定観念に全く捉われることなく、ＳＮＳを駆使し、先頭を切って進んでいく姿に私も感化され、今、様々なチャレンジを発信しています。

そして私も、人を励ませるリーダーになりたい、と川淵さんを大きな目標にしています。

## 2 若い人材を励ますのはスポーツでも大学でも同じ

### 首都大学東京で知名度アップに奔走

13年のはじめ、東京都の総務局長（笠井謙一）と人事部長（中嶋正宏）が訪ねてきて、「首都大学東京の理事長に就任して欲しい」と言う。猪瀬都知事から事前に就任要請がありましたが、都知事選挙の論功行賞にとられかねないと断りました。しかし、都の職員である2人から直接要請をもらったのはとても意外でしたし、大学経営を担う理事長の役職で自分自身の経験が活かせるのかどうか前向きに考え、13年4月、初めて大学教育の現場を預かりました。

忘れられないのは、首都大学東京の女子学生の話です。就職の面接に行くと、大学名を言っても相手にはピンと来ない。そこで「元・都立大学の、今、首都大学東京です」。そう答えたと聞き、就活に臨む学生たちがこんな話で苦労しているなんて、と気の毒に思いました。

2年に一度行われる学内のアンケートに目を通すと、学生の間では、元の都立大学に名前を戻して欲しいという意見が約50%を占めていました。石原慎太郎元都知事が、8年前に都立4大学を統合してこれまで「日本になかった大学を創り出す」と始めた大きなプロジェクトですが、元・都立大学の……と言わざるを得ない学生の立場を思い、これは知名度アップを進めなければと考えたのです。

そのためにも、植物学者の牧野富太郎博士が残した50万点に上る標本資料や、徳川家康の母方である水野家から寄贈された江戸時代の水野家文書など、貴重な文化遺産をもっと有効活用しなければと思いました。

バブルの頃に建てた大学の講堂は立派でしたが、入学式、卒業式を行うには狭く、全く活用されていなかった。それを近隣に公開し様々な分野で活用はできないのか、当初は、企業的な発想と対極にあるため様々な壁に手こずりましたが、教授、職員、事務方の反応や行動力は素晴らしいもので、改革のスピードはみるみる上がっていきました。

新聞に一面広告を出してPRしたり、首都大の最寄り駅である南大沢駅に、首都大学東京最寄り駅と記された副駅名の標板を立ててもらうよう、京王電鉄に頼んだり、学生の要望も積極的に取り入れました。

図書館が夜9時には閉館し、日曜日は閉まっていると聞き、閉館を遅らせ、試験期間中は日曜日でも開館としました。学生の健康を考え、学食に朝食メニューを導入し、学期中1カ月間は、大学側が料金を負担する。こうすれば朝食を摂る習慣を身に付けるサポートにはなるでしょう。

子どもを持つ教職員が、保育園に入学させるために苦労していると聞き、大学内に保育施設を置き、先生たちからの要望で、互いにコミュニケーションを取るためにカフェも併設しました。スポーツ施設の環境整備にももちろん取り組みました。

サッカー部の練習を見に行くと、まだ土のグラウンドで、可哀そうに思いました。近隣にも、風で土埃をあげてしまい迷惑がかかる。そこで、予算を取って、サッカー、ラグビー、アメリカンフットボールが共用できる人工芝のグラウンドに変えました。

そこに仮設スタンドを作れば、スタジアムに近い状態になり、大学のリーグ戦や対抗試合を観に来てもらえる。観戦してもらえれば、大学近隣の方々には親近感を抱いてもらえるだろうし、学生も、自分はこの地域の一員なんだと自覚や誇りも持てるでしょう。サッカーやBリーグが地域密着を重要な柱に掲げたように、大学も積極的に地域に開放し、地域に貢献していく運営を考えるべきです。そうでなければ厳しい少子化の時代に生き残れません。

学生、職員、先生方の声を直接聞いての身近な改革の成果か、次の学内アンケートでは、首都大学東京を都立大学に戻して欲しい、との回答が30％ほどに減少していました。しかし、その2年後の調査では、また校名変更希望が50％を超えました。理事長退任のあいさつに小池都知事を訪問し、状況を説明したうえで校名を都立大学に戻して欲しいとお願いしました。その1年後、東京都議会で晴れて校名変更が認められ、学生たちの願いを実現し、彼らに顔向けができた思いでした。

## 学生にビジョンの重要性を説く

Jリーグや Bリーグとスポーツの現場で仕事をしてきたのですから、世界に向かって人材を育てるという考え方は大学であっても何も変わりませんでした。むしろ活かされたともいえます。

グローバルな時代を生き抜くためにも、広い視野を持った学生を育てなくてはいけない。海外の大学との連携によって留学生を送り、反対に受け入れるシステムはすでに構築されていましたが、新たにサッカー界での人脈を生かして、ヨーロッパでも歴史ある名門のイタリア・ローマ大学トルヴェルガータ校と提携を結びました。カズ（三浦知良）がセリエAジェノアに移籍した後、イタリアを訪問し、そのクラブのカザスコ・ゼネラルマネジャーとすっかり親しくなり、2002年W杯の招致活動のため、イタリアのFIFA（国際サッカー連盟）理事だったマタレーゼ（アントニオ）を紹介してもらったり、ヨーロッパの情報を教えてもらいました。ブレシアの遺跡の中に作られたマンションにも招いてもらう付き合いから、彼が親しくしているローマ大学学長がいる事を知り、僕が交換留学の話を要請すると即刻オーケーの返事が来ました。以来、毎年2名程の学生が相互訪問しています。

学生には理念、とまで肩に力を入れずとも、ビジョンを持って欲しいと願っていました。ドイツの自動車メーカー「フォルクスワーゲン」ではありませんよ、と前置きして何度かお話ししていますが、ノーベル生理学・医学賞を受賞された山中伸弥さんが、雑誌で話されていた「V&W」について、16年3月の卒業式の祝辞で学生に話しました。Vはビジョン、Wとはワークハードを意味します。

山中さんが、米国カリフォルニア大サンフランシスコ校で博士研究員に採用された時、所長に、「君は懸命に働いているが、ビジョンは何だ?」と聞かれ、回答に困ったそうです。「いい研究をして論文を書き、それが研究費に繋がるようにしたい」と答えたものの、所長には、「それはビジョンのための方法に過ぎない」と指摘され、「君はアメリカに一体何をしに来たんだ」とまで言われたそうです。

この話に、とても共感します。古河電工のサラリーマンとして本社に戻れると考えていた時、関連会社への出向を命じられ、51歳の左遷を味わった。深い失望感の中、プロ化を目指していたJSL(日本サッカーリーグ)の総務主事の話が舞い込み、もう2度と関わらないだろうと思っていたサッカーこそ、自分が全精力を傾ける場所ではないのか、と人生で初めてビジョンを持てたからです。あの挫折がなければ、山中さんが所長に指摘された回答と同じく、社内の出世競争だけを考え、理念やビジョンとは縁のない毎日を送っていたかもしれません。

山中さんの「V&W」を祝辞として送った16年3月の卒業式2カ月前、長野県の軽井沢町でスキーツアーに参加した大学生が転落事故に遭い、13人の大学生が尊い命を奪われました。この事故で亡くなった首都大2年の、田原寛（かん）さんは高校時代はサッカー部のゴールキーパーで、将来は社会に役立つ仕事をしたい、と老人施設でインターンをし、子どもの貧困を改善するため勉強をしていました。そして「世の中のためになる仕事をする」と、いつも口にしていたという人物像を知り、本当に胸打たれました。

学生には、「田原さんが抱いた世のために、人のためにとの気高いビジョン、山中さんのV&Wを心に留めて人生を歩んで下さい」と祝辞を送りました。

サラリーマン時代、心からの尊敬の念を抱いた方がいました。直接お会いしたわけでもお話ししたのでもない。それにもかかわらず、「富士通中興の祖」と言われた岡田完二郎社長（1959〜70年）の話が、いつも心のどこかで、ふと蘇るのです。

古河時代の親友は財閥の御曹司で、彼のお兄さんが、同じ古河グループの取締役会で、岡田さんに、過去最高の利益が出た、儲かりました、と勇んで報告をしたそうです。岡田

16年の首都大学東京の卒業式で、バスの事故で亡くなった学生を思い、涙を浮かべながら祝辞を送った

さんは、「そんなに儲けた、利益があったと喜んでいるが、その利益は世の中のためになったのか?」と、諭したそうです。こういう人こそ、リーダーだと強く心に刻みました。

岡田さん、山中先生を諭した所長、それをずっと忘れない山中先生、そして20歳にもならない田原さんの精神。トップに立つのと、リーダーとして生きるのでは理念を描けるかどうかで全く違うのだと、彼らが今も教えてくれます。

大学での任務は、この祝辞を送った翌年17年、4年の任期を満了して終わりました。

# あの時の言葉
## —20

［首都大学東京
理事長時代の秘書役］

## 小川謙二（49）

おがわ・けんじ◎1973年生まれ、東京都出身。東京都教育庁にて現在は教育政策を担当。2015年から2年間、首都大学東京の広報・特命課長として川淵三郎の下で業務に当たった。

### 「声が大きく、とにかく怖かったのに、川淵さんの話ばかりしている自分に気付く」

川淵さんが首都大学東京の理事長に就任され、2年後の2015年、教育庁にいた私に広報特命課長という肩書きが与えられました。秘書的な役割です。都立大学から首都大学東京となり、知名度があまり高くなかった大学、学生たちの気持ちに立って色々な改革をされる毎日、私はそばで言葉を必死に拾い、書き止め、考えました。

雲の上の有名人ですからそれはもう緊張の連続で……担当が決まって真っ先に書店に駆け込み、著作を何冊か買って読み込みました。声は大きい、一流選手ですから体格もあの年代の方とは思えないほどしっかりしている。何よりも目つきが本当に鋭くて、とにかく怖かった。よく怒られました。

「コラッ、小川！　ここに座れ！」と隣に呼ばれて、会議中、コンコンと叱られる。でも少しすると、「ハイ終わり、あースッキリした」ってニコニコしながら、「小川は叱りやすいんだよなぁ」なんて言う。喜怒哀楽を思いきり表現して仕事をする大人に、私は会った経験がありませんでした。感情を出さない、怒らない、それがいい上司だと思われています。

ところが叱られながら、自分はこんなに叱られるほど愛されているんだ、と心から思えましたし、怒鳴られると、それは励ましに聞こえました。川淵さんの話ばかりしている自分に気付くんです。

16年1月、冬休み中に首都大学東京の学生を含む大学生が、スキーツアーのバスで悲惨な事故に巻き込まれた。どうやって確認を取ろう、ご家族への連絡はどうしたらいい？と、私たちが動揺し、慌てている時でした。

川淵さんが「何をちゅうちょしているんだ、とにかく今すぐ現場に行け！　現場に行って、学生とご家族のために全力で対応にあたれ！」と大声で指示したんです。連絡先、交通手段と方法ばかり探っていた私は、学生とご家族のため！　と響いた大声にハッとさせられました。悲しいことに、2年生の男子学生が亡くなられたのを聞き、しばらく慟哭していた後ろ姿は今も忘れられません。

首都大学東京は各国の大学と研究や留学のための協定を結んでいます。タイ北部を当時の関係者が訪問した際、寺院で記念撮影をした写真が出回り、首都大学東京が公金を使って観光旅行しているといった批判にさらされたことがありました。学校中があたふたして、私もビビりながら、報告しなくては、と伝えると、川淵さんが烈火のごとく怒鳴りました。

「アホちゃうか！　そんなつまんない批判が何だっていうんだ！　現地に行って、そこの空気を感じ、寺院を見学して学生たちにも見てもらう。それほど大事な国際交流、親善があるか！」と、批判を一蹴された。

〝何のためにこの仕事をしているんだ〟、という自分の太い幹（みき）の、さらに中に強くてブレない芯がある。本物のリーダーは、最優先すべきは何かを常に芯としているから、何かあった時にすぐ行動に移せる。そして幹をどんどん太くしていく。そう教えられました。

月に1回、ランチ会を催して下さるんですが、これがもうみんなの楽しみでした。キャプテンが弁当を提案したり、こちらも調子に乗って高めの弁当を用意したり、本当にワクワクしながら参加するんです。

毎回、「とにかく自慢話をしよう」と言われる。社会人は自慢話なんてしません。でもあのランチ会では、大学で留学していました、とか、実は甲子園出場経験があります、といった話が出てくるんです。職場でも初めて聞く同僚たちの話ばかりで、自慢話のランチ会は本当に楽しかった。

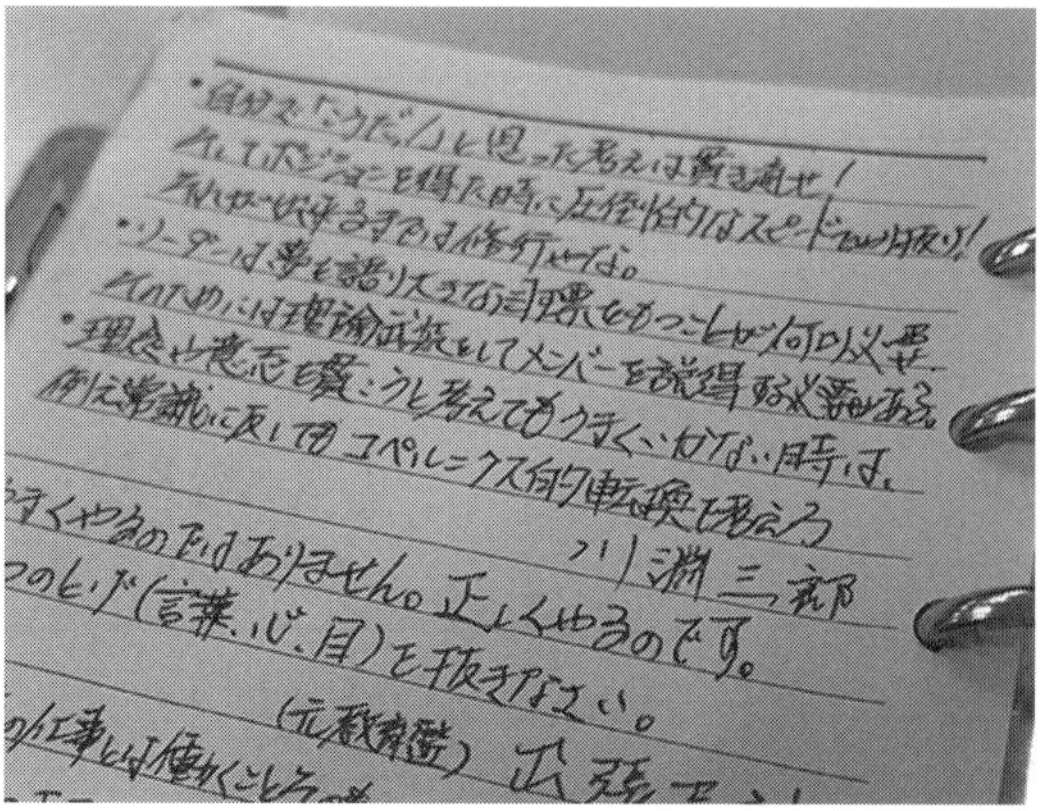

毎年初めに、新しくした手帳に著名人の言葉を書き込んでいる。最も上には必ず、キャプテンの言葉を書いているという

日本サッカー協会の色々なグッズをお土産にもらい、私は、ＦＩＦＡのバッジを今でも都庁の入館証の上に付けています。これを付けていると、今でも川淵さんと繋がっていられるような気がします。

そして辛い時、〝何のためにこの仕事をしているんだ！〟と教えてくれたあの声と、私が今、担当する子どもたちの顔を思い浮かべ、自分を鼓舞しています。

## 3 集大成として日本トップリーグ連携機構を束ねる

### 東京五輪でも球技でのメダルは3つ

日本トップリーグ連携機構（ＪＴＬ）は、05年、球技を強くするために相互の連携を図って強化を進める目的で設立されました。ラグビーの森喜朗さん、ご自身もオリンピアンの麻生太郎さんお2人のスポーツへの熱い思いから設立された組織の会長に15年就任し、現在、ここが仕事の中心となっています。

・Ｊリーグ　女子サッカー（ＷＥリーグ）　フットサル（Ｆリーグ）
・Ｂリーグ　女子バスケットボール（ＷＪＢＬ）
・バレーボール（Ｖリーグ）
・ハンドボール（ＪＨＬ）
・ラグビー（ジャパンラグビーリーグワン）
・アメリカンフットボール（Ｘリーグ）

・ホッケー（ジャパンリーグ）　アイスホッケー（アジアリーグアイスホッケー）
・ソフトボール（JDリーグ）

各競技のトップリーグ、9競技12のリーグで構成されています。

21年の東京五輪では選手村の村長という光栄な職務を経験させてもらいました。一方、このトップリーグ連携機構の会長として、開催国枠で出場した団体を含めて、球技の結果、強化の課題を把握し、分析するのも、重要な任務でした。

新型コロナウイルス感染症の拡大によって、緊急事態宣言が発令されるなか行われた、五輪史上に残る大会で、日本のメダル数は、金メダルが27個、銀メダルが14個、銅メダルが17個、合わせて58個に。過去最多だったリオデジャネイロ大会の41個を17個も上回る、史上最多のメダルの数となりました。五輪はメダル数の対抗戦ではありませんが、選手たちがいかに心身を鍛錬し、1年延期という困難に立ち向かったかを示すひとつの証しです。スポーツで、それも最高峰の五輪が、無観客になるとは想像もしませんでしたが、選手、彼等を支えるスタッフ、現場で選手を懸命に盛り立ててくれたボランティアの皆さんの力でしょう。

ただ、トップリーグ連携機構の会長として見ると、有利な地元での五輪で、日本の団体球技の課題も浮き彫りになった。

過去最多のメダルのうち、団体球技で獲得したのは、野球とソフトボールの金メダル、女子バスケットボールの銀メダルの3つでした。

男子サッカー4位　なでしこジャパン8位
男子バレーボール7位　女子10位
男子バスケットボール11位
男子ハンドボール11位　女子12位
7人制ラグビー男子11位　女子12位
男子ホッケー11位　女子11位

女子バスケットボールのトム・ホーバス監督は17年に女子のヘッドコーチに就任した際、オリンピックの決勝でアメリカに勝って金メダルを獲得する、と高く、具体的な目標を掲げていました。選手たちに強いモチベーションを与え、アメリカに敗れたものの、本当に決勝で対戦し過去最高の結果を出しました。女子バスケットは強化策、選手の新陳代謝がスムーズでした。

しかし、日本の多くの球技は、世界から遅れを取っているのではないかとも感じました。こうした話の例として、関係者には必ず、自分の五輪での体験を説きます。それは、自分が東京五輪に出場し、地元開催でベスト8に入ったという成功の物語ではありません。

## 「鉛筆」だったサッカー協会の強化システム

1964年の東京五輪開催が決まり、日本サッカー協会は初めて、代表チームの長期的な強化策に乗り出し、僕ら選手は、欧州への50日もの遠征を経験しました。ドイツのデュイスブルクのスポーツシューレ（ドイツではスポーツ、文化振興の拠点）では、日本代表にとって初めての外国人コーチに就任したデッドマール・クラマーさんと会い、細かな技術指導に感激しました。大人も子どもも、障がいのある方々みんながともに、美しい芝をいくつも備えたシューレでスポーツを楽しむ姿を見た経験によって、Jリーグ発足時に私たちが目指す理想の、原風景を描けました。

芝の上でプレーできる喜びだけではなく、こうした環境の変化で技術が向上する手応え、チーム全体が底上げされていく実感を覚え、自国で開催された東京五輪でベスト8進出を叶えたのです。そしてその自信や、チーム力の向上が、4年後の68年、日本がメキシコ五輪で銅メダルを獲得する大きな力となったのも間違いありません。

ここまでがサッカー界の成功物語とすれば、ここからこそ、トップリーグ連携機構の会長として各競技団体に伝えるべき最も重要な負の歴史です。

ベスト8、銅メダルと、2大会連続で結果を出したサッカー協会を待っていたのは、明るい未来ではなかった。組織として強化のピラミッドを作る努力と先見性が欠けていました。オリンピックで結果を出したのは、2大会に出場できた限られた選手たちで、広い裾野を持つピラミッド型の最上位に立つ代表選手ではありませんでした。強化の理想がピラミッド型なら、まるで鉛筆みたいに、下から上まで全て同じ太さで、芯の細い部分だけがトップ選手、そんな構造だったのです。選手たちを支えられるはずがありませんでした。

メキシコ五輪後を見据え、若手を育てるビジョンはなかった。この後、日本サッカー界は世界から遠ざかる一方でした。96年、アトランタ五輪で復帰を果たすまでに実に28年、6大会を要したのです。

## 選手育成もサステナブルを指標にして捉える

サッカーが、銅メダルを獲得したメキシコ大会を最後に28年も五輪を遠ざかった失敗のサンプルは、トップリーグ連携機構の会長として、全ての競技団体関係者に同じ過ちを繰り返さないための、いわば反面教師となるものでした。裾野の広い底辺から、トップ選手までの強化方針は短・中・長期で立て、指導者も同じスピードで育てなくてはならない。サッカーが苦い経験をした過去と照らし合わせても、オリンピック後は、オリンピック前より明確なビジョンが求められる。

Jリーグは30周年を迎えましたが、強化については以前から、同じ課題をあげてきました。それは、今の言葉で表現するならば、サステナブル（持続可能な）でしょうか。

Jリーグでは選手たちが海外のクラブへ移籍します。こうした志向はとても望ましいし、Jリーグで実績を築いてヨーロッパに移籍する。そうすると、その選手の後を埋める良い選手が国内ですぐに育ってきて、Jリーグを盛り上げる。そして、ヨーロッパや他国で活躍した選手が、今度は日本に現役として戻って、それと同時にまた若手が移籍をする。

こうした持続可能な強化のサイクルを作るのは、どの球技にも共通する課題です。サッカーなら、現在、60から70人が欧州でプレーしている。そのうち5大リーグ（ドイツ、イングランド、スペイン、イタリア、フランス）になると、レギュラーは10人ほど。これが20人くらいになれば、ヨーロッパ、Jリーグ、Jリーグの若い選手、このグループが常に循環して、日本代表、自国のリーグに持続可能な強化のサイクルを生み出すはずです。

この好循環のために、競技団体には重要な要素が求められます。多くの方々が、潤沢な資金と考えるかもしれません。しかし資金の調達にしても、強固なガバナンス（統治や管理）が効いてこその話です。

## 再生請負人として各競技団体の改革に尽くす

トップリーグで会長に就任し、協会のビジョン、ビジョンを実現するためのガバナンス、この2つに多くの課題があると感じました。課題が改善できない場合には、どんどん指摘もするし、時には当事者たちに話を聞く。また、これは仕事への取り組み方の原点として、とにかく資料を集めて徹底的に読み込む。バスケットボール改革の時には、朝方に目が覚めて、こうした資料の熟読や改革案を練っていたため、血圧が大幅に上がる経験もしました。

もう少し省略して、と思わない訳でもありませんが、やはり情報収集をできる限り行い、定量的な把握をして問題点を分析しなくては、その競技団体の言い分とも対峙できないでしょう。バスケットの後も、様々な競技団体のガバナンス立て直しや、スポンサー企業への協力の依頼、レポートや議事録の読み込み、試合観戦と、つい集中し過ぎてしまい、体調にも悪影響を与えてしまったようです。

問題点について、相談に来る関係者もいれば、こうした方がいいのではないか、と現実的な助言をしても、それを聞かないグループもいる。Bリーグの立ち上げでは、国際連盟からの資格停止処分を受けるなか、対立と分裂を繰り返した2つのリーグをまとめたからでしょうか、まるで再生請負人のように仕事が舞い込みます。

バスケットボールの改革でも繰り返し話しましたが、競技団体とは選手と、その競技のファミリー(登録者)のためにあるのです。この根本的な使命をないがしろにする行為は、絶対に許してはなりませんし、子どもたちの夢を壊す行為も許されません。もしこうした案件が起きた場合は、企業のトップと同じく、競技団体のトップが先頭に立って問題を解決する姿勢を皆さんに示すべきでしょう。

悪いと思われるニュースの時ほど、その存在感が試される。サッカー協会の会長だった2002年11月、全国高校サッカー岡山県大会決勝(水島工対作陽)で、ゴールをめぐり誤審がありました。出場する水島工には、誤審で出場できた、と批判や中傷が寄せられたと知り、会長として選手権の開会式で同校の選手、関係者に謝罪しました。日本協会は大会の主催者で、その責任は会長にあるからです。

バスケットボール協会の三屋会長は、18年にインドネシアで行われたアジア大会で、男子4選手が軽率な行動で日本選手団から強制的に帰国させられた際、先頭に立って会見を開き、謝罪しました。

昨年、様々な問題から会長が代わり、バレーボール協会の新会長に就任した川合俊一さんは、就任直後、地方協会（大阪）で起きた着服事件にもかかわらず、東京から謝罪会見に出席しています。

それぞれの競技団体に、特有のしがらみがあり、個別の問題が存在します。ただ、ガバナンスの構築のためには、トップが自浄作用を機能させ、その競技だけではなく、スポーツを愛する方々に透明性を担保すべきです。

バドミントン協会の新会長には、Jリーグのチェアマンを8年務めた村井満さんが就任します。難しい問題は山積みだと想像しますが、どのような手腕を発揮されるか、スポーツ界全体にとっても注目される大きな改革になるのではないかと思います。

スポーツ界に横串を通したいと臨んだトップリーグでの任務を、皆さんから望まれる限りは続けたいと考えています。

## あの時の言葉
## ―
## *21*

[主治医／東京慈恵会医科大学付属病院医師]

**石氏陽三**（46）

いしうじ・ようぞう◎1976年生まれ、東京都出身。東京慈恵会医科大医学部卒。同大附属病院レジデント、アメリカ・ウェイクフォレスト大皮膚科研究員、NTT東日本関東病院皮膚科勤務などを経て、現在は東京慈恵会医科大附属病院に勤務する。専門領域はアトピー性皮膚炎、瘙痒（そうよう）、レーザー治療。

# 「痒み、痛み、副作用のリスクにも常に前向き。人生100年時代でもトップリーダーに」

キャプテンの皮膚のトラブルを初めて診察したのは、2019年の年明けでした。高血圧を含めて当院に通われているのは知っていましたが、実際に診察にいらした時は、私もとても緊張しました。

私はもともとサッカーが大好きで、海外にサッカーを観に行きましたし、横浜フリューゲルスが最後のタイトルを獲得した（1999年1月の）天皇杯決勝も観戦するほどの大ファンでした。日本代表も大好きで、今も月に1度、仲間とフットサルを楽しんでいます。目の前で皮膚のトラブルで辛い思いをされている方が、もしJリーグを成功に導いてくれなかったら、自分はサッカーと共に生きる人生なんて送っていないんだ、と思うと神様みたいな存在ですから。

もしQOL（クオリティ・オブ・ライフ）が下がってしまったら、サッカー界だけではなく、日本のスポーツ界にも影響が出てしまう、大好きなゴルフをはじめ、生き生きとした毎日を送って欲しい、と私にも使命感が湧きました。

顔を除く全身にひどい痒みを伴う湿疹が出てしまい、皮膚が盛り上がってしまうなどとても悪い状態で、皮膚科では1、2を争う痒みの「多形慢性痒疹（ようしん）」という病状です。睡眠もできませんし、少し掻いてしまうと、また悪化する。

いくつかの原因が考えられるため、皮膚を切り取って調べるほか、他に内臓に問題がないかも検査をしなくてはなりません。皮膚の検査は、医師が言うのも何ですが、大変な痛みを伴います。ところが川淵さんはトップアスリートなんですね、痛いと口にするどころか、嫌な顔ひとつせずに検査を受けていました。

当初は塗り薬を処方し、かゆみ止めの注射や漢方などで治療を始めたのですが、とても難しい皮膚病ですからなかなか改善しない。次の段階に治療を進めなくてはならない決断の時に、「川淵さん、高血圧や腎機能に副作用が出るかもしれませんが、免疫を抑える薬を使用する治療方法に変えたいのです」と、リスクについて説明しました。

## あの時の言葉 — 21

川淵さんは「はい、先生がそう言うならやりましょう」と質問ひとつなく即決され、結果的にはこの治療が大きな効果を示し、ほぼ完治した今では、定期的な通院で診る状態です。リスクはあるが、別の治療法に進もうと決めた医師としての私を、尊重し、思いやって下さったお気持ちも自分は感じました。

皮膚科の病気では、とにかく地味に、根気よく、しっかり薬を塗り続けなくてはなりません。患者さんの中には、全く効果がありません、と、処方した塗り薬を余らしているのに訴える方もいます。薬の効果がないのか、塗っていないから効かないのか、医師としての判断が難しくなるケースもあります。

その点、川淵さんは、本当に処方通りに塗り、たとえ効き目がすぐに表れなくても続けていた。皮膚の病気でしたが、肉体、精神はビクともしない。常に前向きに難しい皮膚病に立ち向かう。そういうトップアスリートの強じんさに改めて感心させられましたし、患者として優等生です。注文は一切ありません。

現代社会は、人生100年と言われます。これまでサッカー、バスケットボールなど、スポーツ界で新たな歴史を築かれたリーダーであるのはもちろん、これからの日本社会でも、健康に、生き生きと仕事を続け、年齢を問わず活躍する新しい時代のトップリーダー像を築いて頂きたいと、心から願っています。健康面は、私が支えます。

## 4 離島のサッカー場がもたらした幸せ

### 99・9999%からの逆転より驚いた夢の実現

あの光景を見た時の衝撃、驚き、何よりも深い感動は言葉に尽くせません。

18年の2月、私と妻は、鹿児島県の最南端、奄美群島のひとつである与論島に2人で向かい、2月でもとても心地の良い気候のなか、島の皆さんの温かい歓迎を受けました。春から秋になると、中潮から大潮の干潮時だけに姿を現す「百合ヶ浜」という真っ白な砂浜にも船で案内をしてもらい、太陽の光が反射したエメラルドグリーンの海に出現する本当に美しい真っ白な砂浜に立ち、夢の楽園といえる風景に感動したものです。

しかし、与論島で衝撃と驚きと感動を与えてくれたのは、自然の風景以上に、人口5000人ほどの島が作った人工芝のサッカー専用グラウンドです。えーっ、本当に作っちゃったの？　と、その驚きたるや、鹿島アントラーズがJリーグ発足の際に、日本初の、屋根付き、全席独立席でサッカー専用スタジアムを作った時以上のものでした。

夢のストーリーは、18年から遡った09年に始まります。

当時、サッカー協会の会長を退任し、名誉会長となった僕の元に、奄美大島サッカー協会会長だった田畑（豊範）さんから手紙が届きました。手紙には、田畑さんが奄美群島のPTA会長もしていて、その研修会で僕に講演会をして欲しいとの依頼でした。サッカー協会の立場で活動を広め、皆さんに支持して頂くために講演はできるだけ受けますが、PTAの研修との説明に、当初はあまり乗り気ではなく、しばらく返事をしませんでした。

しかし手紙をよく読むと、島の子どもたちに環境面でハンディを負わせたくない、もっと大きな夢を持てると教えてもらいたい、とあり、それでは行ってみよう、と連絡をしました。

会場は満員で、皆さんが本当に熱心に話を聞いて下さっていました。でもとても暑く、会場で扇風機が回っていたのをよく覚えています。

講演の中で、私自身が、60年、デッドマール・クラマーさんがコーチに就任したばかりの日本代表として、ドイツに遠征し、デュイスブルクのスポーツシューレを初めて訪れた時の感動をお話ししました。

8面あるグラウンド全てが青々とした芝に覆われ、体育館が3つ、宿泊施設や医務室、広い食堂、映写室まで備えたハード面の整った施設には驚きましたが、それと同じに、子どもから年配者、さらに体にハンディキャップを持つ方々まで、みなが同じにスポーツを楽しむ様子に衝撃を受け、この時見た光景が、Jリーグが理想とする原風景になった、とお話ししました。

鹿島アントラーズと自治体の皆さんが、Jリーグオリジナル10に加わろうとした際のご苦労、私が99・9999％無理です、と言った際の真意も披露しました。

セリエCからBに昇格した人口5000人の小さな町のクラブが、1万人収容のスタジアムを造ったらアウェイチームのサポーターが多く来場していつも満員になった。与論島の中学校が過去に鹿児島県大会で準優勝した実績もあり、与論島からJリーグ入りを目指すことも可能だ。そのためにサッカー場を造ればと、一方では100％不可能と思いながら、そんな風に話しました。地域の人口よりも収容人数の多いスタジアムを使う。ハードルがあるからできない、のではなく、できないと決めつける姿勢こそがハードルではないか、といった話をしました。

私たちがサッカーを通じて伝えてきた夢の力、を与論島の皆さんにもお伝えできた、とほっとして帰京しました。

## 飛行機から見える「夢の景色」

しかし、よく行う講演会とは違い、話はそこで終わらなかったのです。

田畑さんはサッカー、PTA、役場と色々な場所を束ねられる力のある方で、彼を中心に、子どもたちの未来のため、自分たちも「離島だから仕方がない」などと言い訳しないで行動を起こそうと、本当に島の中心にサッカーの競技場を造ろうと動き始めたというではありませんか。ビックリしました。

島の年間予算のうち、相当な比率になるだろう建設費の捻出、それをどう議会に納得させるかの理論も必要でしょうし、聞くところでは、代々、島に住んでいらっしゃる方々は、財産以上に価値ある土地の売買をしないそうです。サッカー場の建設予定地の周辺の買収は費用だけではなく、とても繊細で丁寧なコミュニケーションが必要だったでしょう。

田畑さんを中心に与論島の関係者の行動力が実って、ＰＴＡへの講演会から9年後に、とうとう島にサッカー場が完成しました。サッカー場だけではなく、地域の繋がりを考え、クラブハウスまで造りました。Ｊリーグのクラブに視察に行き参考にしたそうです。島の皆さんたちやお客さんが交流するために、カフェを兼ねた2階のフリースペース、女性がゆったり過ごせるパウダールームや、子ども連れのお母さんが安心して来られるキッズルームと、随所に温かい配慮が散りばめてあります。

鹿島アントラーズの関係者の情熱にも行動力にも驚きましたが、人口５０００人の与論島でサッカー場が完成する確率は、０・０００1％どころか、普通に考えて０％だったはずです。

サッカー場とクラブハウスを備えたその「ゆいランド」の落成式でテープカットをさせてもらい、人口５０００人の島がサッカー場をオープンさせた驚きは、あの当時をはるかに超えていた。それがどれほど嬉しく、幸せな風景か、感動を噛みしめ、胸が一杯になりました。

島では、私の名前を冠に女子のフットサル大会「川淵三郎杯」も設けて下さり、第14回を迎えるまでに育ててもらいました。私からは、木彫りのトロフィーを優勝チームに贈呈しています。

ヨーロッパを旅すると、機内からも、あっ、あそこにもサッカー場がある、と青々とした芝が目に入ります。私は、日本でもそんな光景が機内から見られたらどんなにワクワクするだろう、と飛行機に乗るたびに地上を眺めてピッチを見つける。そんな夢を抱いてきました。

この30年で、そういう景色に少しは近づけたのではないでしょうか。鹿児島最南端の離島でも、あれほど見事なサッカー場を上空から見渡せるのですから。

［奄美群島サッカー協会会長］
## 田畑豊範（66）

たばた・とよのり◎1957年、鹿児島県与論町生まれ。84年に同町職員となり、2015年より同町教育委員会事務局長を務めるほか、同町サッカー連盟、奄美群島サッカー協会の業務にも携わる。18年に完成した「ゆいランドサッカー場」建設では旗振り役として尽力した。

# あの時の言葉 ― 22

## 「川淵さんは、小さな島の子どもたちと大人に勇気の意味を教えてくれた」

小さな島の子どもたちには、離島だから仕方がないという消極的な気持ちがあります。しかし私は、「それは離島をハンディにしないような環境を大人が整備してあげていないからではないのか。子どもたちの将来に対して大きな夢を与えてあげられるように、私たちこそ努力しないといけないのではないか。せめて同じ土俵に上げてやらなきゃいかん」と考え、夢の力についてお話し頂きたいと2009年に川淵さんに手紙を書いたのです。当たって砕けろ、とよく言いますが、当たって砕け散れくらいの気持ちで、エイヤッ！

と手紙をしたためました。そのうち手紙を出したのも忘れていたので、秘書の飯塚さんからの電話で「こちら日本サッカー協会の川淵の……」と言われた際は、この人は何を言っているんだろう？　と不思議に思ったほどです。

川淵さんの来島を伝えてくれていると分かった時、実は近所の葬儀の手伝いで受付をやっていたんですが、あまりの嬉しさに受付を離れ、1人で隠れて何度もバンザイをしたことを思い出します。

500名が集まる大盛況の講演で、川淵さんはドイツで見たスポーツシューレや鹿島の話、イタリアには町の人口よりも多い収容人数を備えたスタジアムがあるとお話しされて、「夢があるから強くなる」と結ばれた。背中を強く押された私たちは、ならば、俺たちにもできるんじゃないか。子どもたちに財産を残してやらなくてはと、あの講演で一斉に同じ方向を目指すことになりました。ベクトルが一致したんです。

川淵さんは90分ほどのお話で、小さな島の子どもたちや大人たちに、それまで挑戦しなかったサッカー場の建設だってやればできる、と勇気を与えてくれました。成功するから勇気が湧くんじゃなくて、勇気が成功を導くんだと、みんなを巻き込んで、その気にさせてしまう。もの凄いパワーをお持ちのリーダーだなとつくづく思います。

12年に、島の中心にサッカー場を建設するための事業をスタートし、土地の決定や住居者に移転してもらうために丁寧に地権者を回り、整地し、電気や水道を整備しました。道

## あの時の言葉 — 22

路も新しく整備して、ピッチに人工芝を敷き詰め、観客席も作りました。コミュニティーとしてのクラブハウスを完成させるまで、島のみんなが、夢の力を信じて走り続けました。クラブハウスもJリーグのクラブに視察に行くなどしてアイディアを学び、キッズルームや、パンケーキやコーヒーを飲んでくつろげるカフェを作るなど、自慢のクラブハウスです。

もしサッカー場が完成したら、必ず落成式にも来て下さい、と約束してもらっていましたので、18年2月に「ゆいランド」の式典に、奥様と来て下さったのは、島にとって本当に嬉しいことでした。その時に、川淵さんの講演を機にいかに私たちが燃えたか、一致団結したかについてもう一度お伝えすると、川淵さんはこう言うんです。

「僕は、本当にそんな話をしたんだっけ?」と。

頼みますよ、カワブチさん! と大笑いしましたが、川淵さん流のユーモアでしょう。今でも川淵三郎杯の報告や、島の名産品を送り、交流を続けさせてもらっています。

島には、こんな言葉があるんです。

一能や　持ちゃん　各能能（ちゅうのうや　むっちゅん　なぁのうのう）

のう、は能力の能です。人は、他人にはない優れた能力や良さを必ずひとつは持っている、という意味です。私は、川淵さんの講演を聞いて、これを子どもたちに自覚させてあげたいと強く思いました。サッカーの指導者を長くやってきましたが、さらにその先の目

与論島の中心に作られた「ゆいランド」（全景とグラウンド）。町のコミュニティーの拠点にもなっている

標をもらった気がしました。

与論島にサッカー場が完成したことで、同じ奄美群島の島々の方が、自分たちにもできるんじゃないか、と問い合わせをしてくれるようになりました。私は、あの時の川淵さんに少しだけなった気分で、奄美大島など島々の関係者に話をしているんです。先ず大人が夢を持たなきゃ、と。

落成式で、こう言われたのも覚えています。「講演で話した夢が実現して本当に嬉しい。しかし次の夢を今日から持って欲しい。アマチュア最高リーグ『JFL』への加入を、町全体で目指して下さい」と。

サッカー場を造ってそこで終わりではない。そこからがスタートなんだ。そう叱咤激励を受けたのだと、よく分かっています。

エピローグ

# スポーツを愛する一人として

## 挫折が道を拓いてくれた

振り返ると、人生で2度の大きな挫折が、私に生きる道を教えてくれたのかもしれません。

野球部に所属した高石中学から、文武両道の進学校だった三国丘高校に進学すると、同じ高石中から進学した友人が、全国大会でも準優勝をする強豪のサッカー部に入らないかと誘ってくれました。しかし当時の花形スポーツといえばもちろん野球ですし、大体、サッカーには興味も関心もありませんでした。

友人は、サッカー部に入ると、香川県の高松で西日本大会があるから四国に行けるぞ、と言う。当時、大阪から四国に行けるなんて夢のような話で、連絡船に乗れるんだったらとサッカーの経験など全くなかったのに入部したんです。

大会も終わり、念願の四国にも行けたので面白くもないサッカー部をやめようと先輩のところに行きました。「実は扁桃腺が弱く、医者から激しいスポーツを禁じられているんです」と言ったら、三国丘高校は強豪だというのに、部員不足でいつも助っ人を集める状態でしたから、「人がいないんだ。頼むから残ってくれないか」と懇願されました。

四国へ連れて行ってもらった手前、あまり強く反論もできず、やむなくサッカーを続けてしまった。でも2年生からすっかりサッカーが好きになり、3年の冬には、当時関西で行われていた全国高校選手権でベスト8に進出し、超高校級FWと新聞に書いてもらいました。

大学受験には失敗。しかし予備校さえ通わず浪人しているのに、毎日午後3時になると母校の練習に参加するのが日課でした。

勉強もそっちのけでサッカーに明け暮れたこの頃、都市対抗サッカーという全国大会が行われていました。大阪府予選に三国丘OBチームの1人として出場し、決勝まで進出したのです。決勝の相手は大阪クラブで、メンバーには、ベルリン五輪でFWとしてゴールをあげた川本泰三さん、早大で活躍し、その後、新聞記者でも健筆をふるわれた岩谷俊夫さん、関西学院大から三菱重工の創成期に活躍された生駒友彦さんと、新旧日本代表が揃うスターチームでした。

0－1で敗れましたが、代表選手とのプレーに全く気後れはせず、試合後、自分はもしかすると日本代表でやれるかもしれない、と生まれて初めての手応えを感じたのです。同時に、川本さんにもキミなら日本代表になれる、是非早稲田大学を目指してくれ、と激励され、志望校を早大一本に絞りました。

プロなどない時代、当時、何を考え、毎日母校の練習に通っていたのか全く思い出せません。でも、あの2年間の浪人時代がなければ、人生は全く違っていたでしょう。人生は面白いものです。

あの時の言葉

—23

［70年にわたる無二の親友］

## 村田 愃（86）

むらた・ゆたか◎1937年生まれ、大阪府出身。三国丘高サッカー部でもプレーし、共に浪人し、共に早稲田大に進学した。奥寺康彦氏のパルメイラス留学の際は仲介役を果たした。70年にわたる無二の親友。

# 「休み時間に2人でボールを蹴っていた頃から もう70年経ったなんて信じられません」

私は、早大から久保田鉄工（現クボタ）に入社し1969年、サンパウロに赴任しました。川淵から連絡があり、奥寺君（康彦）をブラジルに留学させたいんだが、何か伝手はないか？　と言う。古河のブラジル事務所もありましたが、川淵は、私が、サッカーが好きで現地の方々とサッカーで交流しているだろうと予想したんでしょう。

私たちの会社と同じビルに入居し、親しくしていた保険会社の方が、現地のスポーツ界に明るく幸運でした。その方にすぐに相談すると、当社の会長がパルメイラスの会長です、お話ししましょうか、と教えて下さった。早速川淵に連絡し、送り出す体制を整える、と返事が来て、奥寺君と、一緒に宮本君（征勝、当時古河電工）の2人を迎えました。私の自宅で家族と食事をしたり、サントスにドライブに行ったりしたのも本当に懐かしい思い出です。

奥寺君がこの留学を機に、才能をさらに伸ばしてドイツに移籍したのは、私や家族にとっても本当に嬉しい話で、川淵には、オレも日本サッカー界に少しは貢献しただろう？と冗談で言っていました。

赴任した翌年70年に、セレソン（ブラジル代表）がメキシコW杯で優勝を果たし、熱狂のブラジルで仕事ができたのも私には幸運でした。ブラジルではサッカーなしでは生きてはいけません。

W杯で代表が勝ち進むにつれ、従業員の多くが出社しなくなった。本当に困って、慌ててテレビを設置し、ブラジルのゲームは仕事中でもテレビ観戦して良しとしたり、私が大ファンの名門・コリンチャンスのサイン入りユニホームを、取引先の銀行の方がわざわざプレゼントして下さったり、日本ではまだメジャーではなかったサッカーを中学で始め、高校時代にやっていたからこそ味わえたこうした経験も、本当に楽しいものでした。

川淵の結婚式は、お前がやってくれ、と、何故か言われて私が司会をしました。川淵と康子夫人、私と川淵の同級生でもある私の妻和子と4人が、今も変わらずに付き合えるのも有り難い。休み時間になると、2人でボールを蹴りに教室を飛び出した頃から、もう70年経ったなんて信じられません。

昔から信念は曲げない男でした。Jリーグも、多くの改革も、彼にしかできなかった。長い友人として自慢に思います。

奥寺氏のブラジル留学中に撮られた1枚。中央が奥寺氏、右が宮本氏、左は村田氏の子息

## 51歳の左遷から全てが始まった

妻の康子は、「あの日」の様子を、後になってこう表現していました。

「まるで心臓をひっこ抜かれたみたいで、後にも先にもあんな顔は一度も見たことがないわ」

1988年5月2日、当時、古河電工名古屋支店金属営業部長で、その日は休暇をとって、自宅でくつろいでいるところでした。名古屋支店長から自宅に電話が入り、「会社に来て話ができないか」と言われ、「いや、電話で構いませんよ」と自分から頼んで、話を聞きました。支店長に、「古河産業に出向が決定した」と告げられ、ショックで顔面蒼白、呆然とする私を、妻は、「まるで心臓をひっこ抜かれたみたいだった」と表現したのです。

金属営業部は、大きな取引が行われる部署で、部長として名古屋に赴任した6年間、実績をあげていました。次の異動は東京本社の営業部長として、最後は重役か、と、定年までの出世を頭に描いている時期でもありました。

しかしこの出向で、本社で出世する道はもう途絶えてしまった。いわばサラリーマンとしての自分の行く末が見えた、そう受け取れる人事で、描いていた夢が絶たれた思いに本当に大きなショックを受けたのです。

サラリーマン人生27年目、51歳の出来事でした。

84年のロサンゼルス五輪の予選が終わった後は仕事に専念し、古河での出世を夢見てサッカーに関しての役職も全て退きました。

サラリーマンの目標が完全に消え、ただ失望していた時期、JSL（日本サッカーリーグ）の総務主事就任のオファーが舞い込みました。総務主事だった森健児（三菱重工）が、僕と逆に名古屋に部長として転勤したため、総務主事の兼任が難しいとの話からでした。

当時のスポーツ界では、サッカーは人気もなく、競技場もいつもガラガラ。スタンドを走り回る子どもの声が響き渡る、そんな時代でした。しかし、サラリーマンとしての目標を失った分だけ、サッカーに、残りの人生をもう一度かけてみよう、その頃動き始めていたプロ化に向けて全力を注いでみよう、と情熱が湧いて来るのを感じました。6月には東京の古河産業に出向し、8月に総務主事に就任しました。

左遷がきっかけで、初めて、先述した山中伸弥博士の言われる「V&W」、サッカーのプロ化に向けてのビジョンを持ち、ワークハードに徹する事ができたのです。

［理容室「ニュー東京」のオーナー］
小山純子
こやま・じゅんこ

# 「スポーツバッグを背負う姿は、慎太郎か三郎か、なんて言うほどカッコ良かったのです」

当時は、高度経済成長期で、企業にもサラリーマンにも活気があふれていた時代でした。私がそんな丸の内で店を始めた当初は、企業が社員の身だしなみを整えるために、理容室と契約して整髪代の一部を負担していたんです。古河電工もその一社で、当時はあまりなかった女性ばかりの理容室で、チラシを作成し各社に配り、半券を持って来て下されば360円で整髪をするサービスを打っていました。川淵さんは半券を持って来て下さったオープン当時からですので、もう50年以上通って頂いています。

スポーツバッグをさっそうと背負って練習に行く姿は、シンタロウ（石原慎太郎）かサブロウか、なんて言うほどカッコ良かったのです。今思うと、本当に優しい方でしたし、今も変わらず、店のみんなにいつも優しく気を使って下さる。お店に飾ってある色紙を見たお客さんにも、オッ、川淵さんも常連なんだね、と喜んで頂いています。

川淵さんといえども、ウチではまだまだ若い常連さんに入るかもしれません。90代で通って来て下さる方も実はまだ多くいらっしゃるんです。これからも、いつも変わらぬ笑顔で、さっそうと店に入ってきて下さるのを楽しみにしています。

1967年創業。半世紀を越えて
今も丸の内で営業を続ける

あの時の言葉

―

*25*

［40年担当の
理容師を務める］

# 阿部美代子

あべ・みよこ

## 「川淵さんのように、優しくて素敵な方を40年担当できたなんて、こんな幸運はありません」

古河にお勤めされていた時代は、カットが終わると、ササっと髪を整えるだけで、じゃあ、これから練習に行ってきます！　と、帰られました。まとまりの良い髪質なので、テレビなどでお見かけしても、いつもきれいにまとまっていますね。

東京から名古屋に転勤されても、こちらに予約をしていらっしゃっていましたので、私ももう40年以上担当しています。お人柄も全く変わりませんし、髪も変わりません。1本1本が太くて、元気な髪質のままですから。

古河を辞められて、チェアマン、キャプテン、バスケットボールと、ずっとお忙しくされてきましたが、今思えば、チェアマン時代はお疲れだったのかもしれません。お話はあまりなさらず、眼をじっと閉じて考え事をされている時間が長い気がしました。

私は、故郷の秋田から上京してこちらのお店に入ることができましたし、川淵さんのように、優しくて素敵な方を40年担当できたなんて、こんな幸運はありません。私も川淵さんを見習い、元気で、ハツラツと仕事を続けたい。そのためにも、健康で毎日を過ごしていきたいと思っています。忙しい川淵さんに、いつも変わらぬ癒しの時間を提供するために、これからも頑張ります。

右端に設置されたピンク色の鮮やかな理容椅子。ここで整髪してもらうことが多いという

## 野球もサッカーも一緒に応援する新しい時代

WBC（ワールド・ベースボール・クラシック、23年3月）を観戦しながら、これまで経験のない、とても不思議な感情が湧いて来るのが分かりました。

絶対に勝ってくれ！　ではなく、なぜか負けてくれるなよ！　と、これまでにない思いが心の底から湧いて来たのです。理由は何だったのだろう、と改めて考えてみました。

WBCには、ダルビッシュ有、大谷翔平、吉田正尚各メジャーリーガーが揃って日本代表として出場していましたし、国内からも、史上最年少で三冠王を獲得した村上宗隆ら、スター選手が勢揃いする、まさに「ドリームチーム」を栗山英樹監督が結成された。

サッカーやラグビーなどでは、国籍を変更した選手、ルーツを海外に持つ選手が日本代表として活躍する姿に、特別な驚きはもうないでしょう。

しかし今回のWBCでは、メジャーリーガーのヌートバーのお母さんが日本人との理由で、初めて侍ジャパンに選出され、ダルビッシュや大谷と同じようにファンに支持され、実力を存分に発揮して優勝の立役者になりました。

選手たちの結束力、互いを尊敬し、相手チームを思いやるフェアプレー精神が、日本社会や、子どもから大人までスポーツ界全体にもたらす好影響も素晴らしいものばかりです。これほどのメンバーを揃えた絶好機に、日本代表がもし負けてしまったら、野球ファンだけではなく、日本中が元気を失くしてしまう。長いコロナ禍によって、私たちはスポーツのない毎日がどれほど退屈で、寂しいかを知ったはずです。

批判さえ渦巻くなか、21年の東京五輪では日本選手たちが好成績を収め、22年の北京冬季五輪の選手たちも厳しいコロナ規制の中、これに続いてくれました。

そして22年のサッカーW杯カタール大会では、日本代表がW杯優勝国でもあるドイツ、スペインを破って、グループ首位でベスト16に進出しました。皆さんとスポーツの素晴らしさを継続的に共有できる今、特別な喜びを噛みしめています。

だから、WBCで侍ジャパンが負けてしまうと、日本中が落胆してしまうんじゃないか。オリンピック、サッカー日本代表、そして野球と、今までになかった、横の強い繋がりで日本代表を応援する。こうした新しい連帯感が消えてしまうのではないか。そんな切実な思いだったのでしょう。

サッカーだけの、野球だけの勝利を願うのでなく、日本代表のどのスポーツでも大きなエネルギーを私たちに与えてくれるんだ。それが初めて、負けてくれるなよ、という切実な願いを抱いた理由だろうと、自分なりの答えを見つけました。

私が11歳の時、日本は戦争敗戦国で48年のロンドン五輪には出場できませんでした。また、それぞれの競技も国際連盟から除名処分を受けており、スポーツ界は無理やり鎖国を強いられ、とても苦しい時代だったのです。そんな時代、敗戦国として希望を見出せず、意気消沈する日本中を、「フジヤマのトビウオ」と言われ、泳ぐ姿で勇気付けてくれた、競泳の古橋広之進さんをヒーローだと憧れました。

ロンドン五輪への参加が認められなかった日本水泳連盟は、五輪の水泳競技決勝と同じ日に全日本選手権を開催し、実力を世界に示そうと考えたのです。古橋さんはここで、400m自由形4分33秒4、1500m自由形で18分37秒0と、ロンドン五輪金メダリストの記録も、当時の世界記録も上回る好記録をマークしました。今でもこの4分33秒4、18分37秒0、そしてその後全米選手権での世界新記録18分19秒0を記憶しています。70年が経過した今も、忘れていません。スポーツがどれほど人を勇気付け、励ますか、その実例でしょう。

8年後の56年、19歳の年には、イタリアのコルティナダンペッツォで冬季五輪が開催され、IOC（国際オリンピック委員会）で副会長などを歴任された猪谷千春さんが、スキーの回転競技で日本人初の銀メダルを獲得されました。

浪人生だった当時、寒い部屋で、あの時ばかりは珍しく受験勉強をしていました。寒くて、寒くて、足にまで毛布を巻いて短波でのNHKラジオの中継を聞いていたのを思い出します。短波でのラジオ中継の音質が悪く不明瞭でしたが、猪谷さんが滑っているのを実況で聞きながら、よく分からないけれど、とにかく銀メダルみたいだ、旗門不通過の違反があってアメリカが抗議しているとか、目には見えないので余計にハラハラドキドキ、受験勉強どころではなく、高揚感に包まれながら結果を待った思い出があります。

それまでは、夢や目標など何も持っていませんでした。でも、猪谷さんの中継を聞きながら、自分もいつか、こんな風に中継してもらえるオリンピック選手になりたい、世界の舞台に立ってみたい、と思ったのを覚えています。でもそれは夢のような話で、自分には実現不可能だと思っていました。しかし、それから8年後、東京オリンピックでその夢が実現できたのです。

# あの時の言葉 ―26

［キャプテンの初孫］

## 竹田陽子（28）

たけだ・ようこ◎1995年生まれ。自分に似て度胸がある、と自慢する初孫。幼い頃からピアノを習い、高校時代は「管楽オーケストラ部部長」を務める。大学から大手損保会社に勤務し、昨年、長男が誕生し、ひ孫となった。

### 「夢があるから強くなる――私にとっても、できない事なんてないんだと勇気をくれる、大切な言葉です」

祖父を「じっじ」と、祖父は私を「ピッピ」と呼びます。小学校の頃、私のあだ名は「孫(まご)」だったんです。でも、嫌な思いはしませんでした。友人たちが「川淵三郎の孫」と言ってくれるのはどこか嬉しかったからです。

私は引っ込み思案でスポーツが苦手でした。休み時間は読書をして、自分から友達を誘うような性格ではありませんでした。

そんな私が、高校2年の時に50人ほどの部員が在籍している「管楽オーケストラ部」の部長に、先輩から託して頂き就任したんです。小学校からピアノは習っていて、部ではビオラを演奏していました。卒業公演で、引退する3年生を代表して、最後に部長が聞いて下さった皆さんにあいさつをします。

経験のない大舞台で、とても涙もろいので、最後まで泣かずに話せるか不安でした。泣かずにスピーチを終えると、祖父が「あれだけの人の前でスピーチできるなんて、陽子は肝が据わっているなぁ」と、とても感心した様子でほめてくれたんです。その時初めて、え？　私って、もしかするとリーダー役にもなれるのかな？　と、かすかな自信を持てたんです。肝が据わっている、と、自信を与えてくれた言葉は今も忘れません。

私の結婚式で乾杯のスピーチをしながら、祖父はとても涙もろいので皆さんの前で泣いてしまいました。家族は予想していたんですが、場内は、日本のスポーツ界を引っ張ってきたあの川淵さんが、こんな風に泣くのか、というような驚きで、しんみりするはずが、反対にどよめきが起きました。

そうなんだ、世間がイメージしている川淵三郎は、孫の結婚式で泣いてしまう人物とは思われていないんだ、と、私も改めて発見というか、不思議な感覚を抱きました。

講演やあいさつの原稿を、自分で一生懸命準備していた姿も印象に残っています。スポーツのため、未来の子どもたちのため、自分を頼ってくれた人のために、祖父は役割を果たそうと必死です。その目標のためなら、自分への批判など気にならない。目標に向かって突き進むんだと思います。

夢があるから強くなる——サッカー協会の会長の時に、こういう宣言をしました。誰よりも祖父が、それを心から信じて実行している様子を近くで見てきたので、この言葉は私にとっても、できない事なんてないんだ、と勇気をくれる、大切な言葉です。

大好きなスポーツをたくさん観て、読書でアップデートして、美味しいものを食べて、ポジティブに毎日を過ごす。そういう祖父を、これからもずっと見ていたいと願っています。

祖父と祖母の康子さんと撮った大切な１枚

## これからもスポーツへの恩返しを

Jリーグが開幕して30周年の大きな節目は、スポーツが持っている力を改めて感じる、とても素晴らしい機会になったように思います。Jリーグが取り組んで来たのは、サッカーの環境を改善するだけではなく、日本代表の実力を向上させるためだけでもない。

老若男女、いつでも自分の好きなスポーツができる場所を日本中に作りたいという夢を実現したいと思います。

私にとってこの30年は、サッカー関係者としてだけではなく、日本のスポーツ界全体を盛り上げ、発展に何とか少しでも貢献したい、との一心で過ごして来た時間でした。自分の人生を豊かにしてくれたスポーツに、恩返しをしたい。その思いはこれからも変わりません。

（敬称略）

# 芝のグラウンドがスポーツの未来を拓く

## 2つの百年構想

この本の最後に、長年力を注いできた校庭の芝生化について書こうと思います。

カシマサッカースタジアムは1993年4月30日、当時の建設業界の常識を覆す1年半ほどの短期間で完成しました。その3カ月前にはクラブハウスと練習グラウンドの完工式が、執り行われました。

その完工式で、クラブ関係者や多くの記者を前に、こう挨拶しました。47都道府県にそれぞれ最低2つずつ、合計100のJクラブを作り、その中に老若男女がいつでも自分の好きなスポーツを楽しめる施設を造りたいと。そして、その頃、子どもたちの運動能力が著しく低下していました。小学校の校庭を芝生化することによって、子どもたちが喜んで、跳び回り走り回り、体を動かすことが日常化する。そのためにこそ、芝生の校庭が日本中に必要なんです、と2つの百年構想を訴えたのです。

でも、私が知る限り、その構想は全く記事にならなかった。今思えば、10のJクラブでさえ成功するかどうかわからない時に、よくもまあ100クラブなどと言えたものだ、とメディアが呆れていたのだと思います。

## 校庭芝生化の原点となった2校

Jリーグのチェアマン時代、都道府県サッカー協会の会長に芝生の校庭がある小学校を探してほしいとお願いしましたが、調査結果には、新潟県の佐渡島の小学校分校の雑芝の校庭など2校くらいしかありませんでした。大変がっかりしたのを覚えています。でも、実際は真剣に調査してくれたわけではなかったと後で分かりました。既に何校かあったのです。

00年2月、鹿児島で「日韓交流試合」（アジアクラブ選手権で日韓のクラブが対戦）が行われました。その試合の合間の28日に指宿でゴルフをしての帰り道、偶然が重なって芝生の校庭がある池田小学校の発見につながったのです。

1つは、普通の乗用車が手配できず車高の高い車に乗ったために、塀で見えないはずの校庭を目にできたこと。もう1つは、通常、海岸沿いの道路を使うのですが、同行していた鹿児島県サッカー協会の山崎亨会長が、「たまには山の方から帰りますか」と聞いたので、「それでお願い！」と初めてのコースで帰ったこと。たまたま左側を見ていたら、芝生の校庭らしきものが見えた。「とめて！　とめて！」とバックして確認すると、まさに芝生の校庭がそこにありました。

嬉しさと興奮そのままに校舎の中に飛び込んでいったら、ちょうど職員会議の真っ最中でした。先生方が一斉にこちらを見て、なんだか見たことのある顔だなと思って下さり、校長先生に応対していただきました。2月28日が妻の誕生日なので、決して忘れることがありません。

それ以降、池田小学校とは、夫婦で地域ぐるみの運動会に参加したり、地元の人と交流したり、また、バレーボールの強力校だったので、三屋裕子さんに指導に行ってもらったり、17年まで6回訪問しています。子どもたちが作ったお米や野菜を送ってもらうなど、いまだに交流が続いています。

このニュースを文科省に伝え、ぜひ、校庭芝生化の参考にするために見に行ってほしいとお願いしました。

次のビッグニュースは、地元、千葉県印西市からでした。平賀小学校の佐藤光利校長（当時）から、「芝生の校庭を見に来て下さい」と連絡がありました。00年11月7日、現地に行くと見事な真緑の芝生の校庭にびっくり仰天。日本の芝生と言えば、昔から高麗芝で、冬は茶色になってしまいますが、洋芝は青々としています。

佐藤校長は、校内が土埃で相当汚される。そうさせないためには、校庭を芝生化するのが一番ではないか、と考えました。でも、どうしていいのか分からない。それで、学校の休み期間中、アメリカに出かけてNFL（ナショナル・フットボール・リーグ）で芝生の勉強をしたそうです。そうした努力もあって、芝生に関する知識は専門家そのものでした。そもそも、池田小学校の芝生化の動機も同じ砂埃を防ぐためでした。以降、佐藤先生に顧問になってもらって、芝生化の相談に乗ってもらっていました。

### 心に残るエピソード

全国から依頼された講演では、子どもたちの運動能力の驚くほどの低下を訴え、芝生が子どもたちに与える影響の大きさを必ず話しました。そうした講演を聞いていただいて、具体的に行動に移して下さった思い出深い話が数多くあります。

その一番手は、当時、宝酒造の会長をしておられた細見吉郎さんです。01年8月21日、長野県のホテルで、玉村豊男さん主催の玉村サロンで、吉永みち子さんなどとご一緒しました。その時の芝生の話に、細見さんは深く感じ入ったようです。その後、すぐに京都経済同友会海外視察団で、北欧諸国の全ての校庭が芝生化されているのを目の当たりにして驚嘆したそうです。日本のグラウンドは砂漠だ。これでは子どもたちの心も乾く、との思いで〝京都の小学校の校庭を芝生化しよう〟がメンバーの合言葉になり、「NPO芝生スクール京都」が02年8月に発足し、細見さんが理事長になりました。

帰国後、相談に来られ、モデル校として推薦した指宿市の池田小学校、印西市の平賀小学校をすぐ視察に行かれました。その熱意たるや大変なものを感じました。02年9月2日に、京都市第1号となる嵯峨野小学校芝生化完成式に呼ばれました。今では、20校以上の校庭が芝生化されています。

02年ワールドカップの前年、東京都杉並区の和泉小学校の先生から手紙をもらいました。今、学校で芝生の校庭を生徒と一緒に育てています。完成したら、ぜひ学校に来て下さいという文面と子どもたちからの手紙も入っていました。その後に埼玉スタジアム2002開場記念試合があり、イタリアと日本代表が戦いました。ところが、スポーツターフを作ったことがない芝生業者だった事もあり、試合が始まるとシューズがズボッズボッと芝生にめり込み、キックの度に芝生が飛び散る大変な状況になってしまいました。

何とか、試合が成立しましたが、その後すぐに和泉小学校の子どもたちから手紙が来ました。「私たちは毎日、芝生に話しかけています。丈夫に元気に育って、早く私たちと一緒に遊びましょうねって。だから、埼玉スタジアムの芝生を育成している人たちも、毎日芝生に話しかけるようにすればいい芝生に育ちますから」と伝えてほしいという内容でした。

02年3月18日、和泉小学校の芝生開き式典に出席しました。青々とした素晴らしい芝生の校庭でした。子どもたちが、まるでお座敷に上がるかのように芝生の手前で靴を脱ぎ、走り回り転げ回り、滑り込んだり取っ組み合いをしていました。

その中で、背の高い男の子が1人、背の低い友だちに支えられながら校庭を横切って行きました。校長先生に「あの子はどうしたんですか?」と聞いたら、あの男の子は、普段歩行器を使っているんですが、芝生の校庭ができて、転んでも痛くないだろうからどうしても歩きたいと。思わず、涙がボロボロ出てきました。

この小学校では、1年生から6年生までポットを半切りにして自分で芝生のポット苗を育てていました。芝生が傷んでくると、そこに自分の苗を植え付けるという習慣ができました。6年生が卒業する時、新1年生にポット苗を渡すという譲渡式もありました。

それから4年後、その和泉小学校を石原慎太郎都知事(当時)と一緒に芝生の校庭を見るために訪問しました。石原都知事とは新聞やTVなどでの対談、都民を対象とした、都庁会議場での東京ビッグトークなどでお話しする機会が多くありました。そういった時、必ずといっていいほど校庭の芝生化の意味、子どもに与える影響、小学生の運動能力低下などについてお話しさせていただきました。でも、その時の知事の反応はあまり前向きではないように感じました。

ところが、06年12月22日に「10年後の東京~東京が変わる」において、今後10年かけて、都内全公立小中学校都立学校等の校庭芝生化により、約300ヘクタールの緑を作り育むと発表しました。信じられないくらい嬉しかったです。そして、東京都芝生応援団長に任命され何校かの開所式に出席しました。芝生化された学校は、今では525校にものぼっています。

高秀（秀信・元横浜市長）さんの頃から、私は横浜市長のスポーツ相談役のような役割を担っていました。02年ワールドカップが終わった後、中田宏市長（当時）に校庭芝生化の話をしたところ、すぐに行動を起こして下さいました。首長が校庭芝生化に動いていただいた最初の具体例であり、これほど勇気づけられたことはありません。他力ではなくて

02年に和泉小学校（東京都杉並区）の芝生開き式典に
出席。立派な芝生の校庭だった　©J.LEAGUE

自力で芝生を大事にする覚悟がある学校に絞って、20校の校庭芝生化を実現していただきました。

### 都道府県フットボールセンターでも芝生のピッチを

協会が04年、地方協会に向けて活動拠点と収入源にするためのフットボールセンターを造ろう、予算の半額は協会が持つから、あとは自力で財源を確保するように働きかけました。そのための費用を少しでも安くするために、NPO法人グリーンスポーツ鳥取の鳥取方式で造るバミューダ芝の株を60万株近く養生する場所を確保しました。そのおかげで、JFAのグリーンプロジェクト対象の小学校にも無償配布できました。

50センチ置きに小さな穴を掘ってバミューダ株を植えるのは、先生、保護者、児童、総動員でやります。6月に植えると、9月には緑いっぱいの芝生の校庭に変身しているのを見ると、誰もがとびきりの笑顔になります。芝刈りと水遣りが大変ですが、地域のシニアにお願いするのも彼らの生き甲斐に繋がるところもあり、双方にとってウィンウィンの関係が生まれます。
この鳥取方式は、ニュージーランド出身のニール・スミスさんらが中心になって日本に広めてくれた芝生ピッチの造成方法です。彼とは、10年3月13日、鳥取県で鳥取方式の芝生化を考えるシンポジウムでお会いし、市内に作った広い青々とした芝生の公園を見せてもらいました。彼のノウハウのおかげで、校庭芝生化が大きく進展したことは間違いありません。現在、日本サッカー協会で働いている根本敦史も、早稲田大の修士課程で学ぶなどして、その普及に大きく貢献してくれました。

サッカー協会のフットボールセンター作りも、クラブハウスと芝生のピッチと共に、全国に98も完成して地方協会活動の土台を背負っています。

## 全国に広がる芝生と子どもたちの笑顔

09年10月6日、富山の白藤幼稚園に芝感謝祭に出かけました。三国丘高校後輩の土岐環副園長から園庭の芝生化を頼まれ、その完成式でした。園児たちのダンスなど、真緑の広い芝生の園庭でのお祝い式典は心が和みました。その帰途、石井隆一富山県知事（当時）を表敬訪問し、芝生の話をしました。知事からは何の質問もなく、興味があるようには見受けられませんでした。

14年7月31日、富山経済同友会で講演した後、また石井知事を表敬訪問しました。その時、知事から「小学校の芝生化を教育委員会に促したけれど、反応が全くないので県が直接影響力を持つ4つの高校を芝生化しましたよ」と聞いて夢にも思っていなかったのでのけぞるほど驚きました。

06年4月、松江市に島根県サッカー協会の芝生のグラウンドが完成しその開所式に出席した時、島根県サッカー協会会長と同姓同士で仲の良かった松浦正敬市長を紹介していただきました。既に松浦協会会長から話をしていただいていた経緯もあり、松浦市長は校庭芝生化に大賛成で早速その実現に取り組んでいただきました。

10年9月12日、松江市立玉湯小学校の芝生開きに参列しましたが、その時、地域の年配の方からもっとホースを買ってほしいと要請があると聞きました。詳しく話を聞いてみると、芝生の水遣りに参加したいのにホースが足りないからお手伝いできない、何とかしてほしいということだったのです。地域社会で子どもたちとのいい関係ができるに違いないと、微笑ましい気持ちになりました。芝生化は21校まで進みました。

08年に協会会長を退任した後、早稲田大学からの要請で同大学の特命教授として早大本庄高等学院と大学院がある埼玉県本庄市のスポーツ活動に力を貸してほしいと依頼があり、喜んで引き受けました。吉田信解市長と8年間にわたっていろいろ活動しました。もちろん、校庭緑化をお願いして毎年1校芝生化をしていただき、今は12校全校に芝生が敷かれています。

12年3月20日、長野県松本市で芝生の講演をしました。幼稚園児にこそ芝生の上で遊ばせたいという思いで、現地で芝生の養成に務めていた「エフ・シー・アール」の降旗良勇さんからのお願いによるものでした。何度も菅谷昭市長に陳情しても芝生の園庭など必要ない。子どもは土の上で遊ばす方がいいんだと、けんもほろろだったそうです。

菅谷市長はチェルノブイリで支援活動もしておられた有名な医学博士でしたから、降旗さんが頼るのは、私しかいないと思われたのでしょう。でも、市長は私の講演を聞きに来てくださったのです。その３日後の23日、菅谷市長は松本市43の全保育園の園庭を芝生化するよう注文されました。菅谷市長は現在、松本大学学長を務めておられます。

これまで、僕自身が関与した校庭を芝生化した数は、せいぜい５００ぐらいかなと漠然と思っていました。この原稿を書くにあたって現状を調査したところ、直接、間接に関与したその数は１３４５にものぼり、自分でも驚いています。93年、鹿島で発言した百年構想に、少しでもその実現に、寄与できたことを心から嬉しく思います。

# 年表
# 日本スポーツ界と川淵三郎の歩み

©阿部卓功

| 年 | 月 | 川淵三郎年表 | 月 | サッカー界・スポーツ界の主な出来事 |
| --- | --- | --- | --- | --- |
| 1936年 | 12月 | 3日、大阪府泉北郡高石町（現・高石市）にて父・真一、母・淑子の三男として生まれる | 2月 | 日本職業野球連盟（後の日本野球機構）が設立される |
| | | | 2月 | ガルミッシュ・パルテンキルヘン冬季五輪 |
| | | | 8月 | ベルリン五輪　サッカーで日本がスウェーデンを下す（ベルリンの奇跡）。200m平泳ぎに出場した前畑秀子が、日本人女性として初めて五輪金メダルを獲得 |
| 1938年 | | | 6月 | フランスW杯　イタリアが2度目の優勝 |
| | | | 7月 | 日本政府が1940年に開催予定だった東京五輪を返上 |
| 1943年 | 4月 | 高石小学校に入学 | | |
| 1948年 | | | 1月 | サンモリッツ冬季五輪 |
| | | | 7月 | ロンドン五輪 |
| | | | 8月 | ロンドン五輪の競泳競技と同じ日程で組んだ全日本水上選手権大会において、古橋広之進と橋爪四郎が1500m自由形で当時の世界記録を上回る。古橋は400m自由形でもロンドン五輪の記録を上回る |
| 1949年 | 3月 | 高石小学校を卒業 | | |
| | 4月 | 高石中学校に入学 | | |
| 1950年 | | | 6月 | ブラジルW杯　ウルグアイが2度目の優勝 |

| | | | | |
|---|---|---|---|---|
| 1952年 | 3月 | 高石中学校を卒業 | 2月 | オスロ冬季五輪 |
| | 4月 | 三国丘高校に入学 | 7月 | ヘルシンキ五輪 |
| | 7月 | 三国丘高校サッカー部に入部 | | |
| 1954年 | | | 6月 | スイスW杯 西ドイツが初優勝 |
| 1955年 | 1月 | 第33回全国高校サッカー選手権に出場 | 7月 | 第1回全国都市対抗サッカー選手権大会 |
| | 3月 | 三国丘高校を卒業 | | |
| 1956年 | | 三国丘高校OBチームで全国都市対抗サッカー大阪予選決勝に進出 | 1月 | コルティナ・ダンペッツォ冬季五輪 スキー回転競技に出場した猪谷千春が、冬季五輪では日本人初のメダル（銀）を獲得 |
| | | | 11月 | メルボルン五輪 |
| 1957年 | 4月 | 早稲田大学商学部に入学。同大学ア式蹴球部に入部 | | |
| 1958年 | 12月 | 25日、日本代表デビュー戦となった香港戦で史上10人目となる初出場初得点を記録 | 3月 | 国立競技場（東京）が完成 |
| | | | 5月 | 64年東京五輪招致を目指し、第3回アジア大会が東京で行われる |
| | | | 6月 | スウェーデンW杯 ブラジルが初優勝 |
| 1959年 | 12月 | ローマ五輪アジア予選に出場 | | |
| 1960年 | 11月 | チリW杯アジア予選に出場 | 2月 | スコーバレー冬季五輪 |
| | | | 8月 | ローマ五輪 |
| 1961年 | 3月 | 早稲田大学を卒業 | | |
| | 4月 | 古河電機工業に入社（横浜電線製作所勤務）。同社サッカー部に入部 | | |

| | | | | |
|---|---|---|---|---|
| 1962年 | 8月 | 第4回アジア競技大会に出場 | 5月 | チリW杯 ブラジルが2度目の優勝 |
| | 12月 | 結婚 | | |
| 1964年 | 10月 | 東京五輪に出場。初戦のアルゼンチン戦で1ゴール1アシストを記録 | 1月 | インスブルック冬季五輪 |
| | | | 9月 | 村上雅則がMLBジャイアンツで日本人初のメジャーリーガーに |
| | | | 10月 | アジア初の五輪、東京五輪 体操男子団体や女子バレーボールなど、計16個の金メダルを獲得 |
| 1965年 | | | 6月 | 日本サッカーリーグ（JSL）が開幕 |
| 1966年 | 3月 | 長女が誕生 | 7月 | イングランドW杯 イングランドが初優勝 |
| 1967年 | 11月 | 第3回日本サッカーリーグでアシスト王に輝き、シルバーボール賞を獲得 | | |
| 1968年 | 2月 | 次女が誕生 | 2月 | グルノーブル冬季五輪 |
| | | | 10月 | メキシコ五輪 サッカー日本代表は銅メダルを獲得し、釜本邦茂が得点王獲得 |
| 1970年 | | 現役を引退（日本代表通算26試合出場／8得点） | 5月 | メキシコW杯 ブラジルが3度目の優勝 |
| | | 古河電工サッカー部コーチに就任 | | |
| 1972年 | | 古河電工サッカー部監督に就任 | 2月 | アジア初の冬季五輪、札幌五輪 スキージャンプ70m級（現在のノーマルヒル）で日本勢がメダルを独占。笠谷幸生が冬季五輪では日本人初の金メダルを獲得 |
| | | | 8月 | ミュンヘン五輪 |
| 1974年 | | | 6月 | 西ドイツW杯 西ドイツが2度目の優勝 |

| 年 | 月 | 出来事 | 月 | 出来事 |
|---|---|---|---|---|
| 1975年 | | 古河電工サッカー部監督を退任 | | |
| 1976年 | | 日本サッカーリーグ常任運営委員に就任 | 2月 | インスブルック冬季五輪 |
| | | | 7月 | モントリオール五輪 |
| 1977年 | | | 9月 | 王貞治がメジャー記録を抜く通算本塁打756号。国民栄誉賞受賞者の第1号に |
| | | | 10月 | 奥寺康彦が日本人として初めて欧州のトップクラブへ移籍（ドイツ・1.FCケルン） |
| 1978年 | | | 6月 | アルゼンチンW杯 アルゼンチンが初優勝 |
| 1979年 | | 日本サッカーリーグ常任運営委員を退任 | 8月 | 日本初のFIFA主催大会、ワールドユース選手権にマラドーナが出場 |
| 1980年 | 6月 | 日本サッカー協会強化部長に就任 | 2月 | レークプラシッド冬季五輪 |
| | 8月 | 古河電工の系列会社・谷商株式会社へ常務取締役として出向 | 7月 | モスクワ五輪 ソ連のアフガン侵攻をめぐり、日本を含む西側諸国がボイコット |
| | 11月 | 日本代表監督代行に就任 | | |
| 1981年 | 3月 | 日本代表監督代行を退任（通算成績 5勝4分け11敗） | | |
| 1982年 | 6月 | 古河電工・名古屋支店金属営業部長に異動 | 6月 | スペインW杯 イタリアが3度目の優勝 |
| 1984年 | 4月 | 日本サッカー協会強化部長を退任 | 2月 | サラエボ冬季五輪 北沢欣浩がスピードスケート500mで日本人初のメダル（銀） |
| | | | 7月 | ロサンゼルス五輪 |
| 1986年 | | | 5月 | メキシコW杯 アルゼンチンが2度目の優勝 |

| | | | | |
|---|---|---|---|---|
| 1988年 | 6月 | 古河電工の子会社・古河産業へ取締役伸銅品部長として出向 | 2月 | カルガリー冬季五輪 |
| | 8月 | 日本サッカーリーグ総務主事に就任 | 9月 | ソウル五輪 |
| | 10月 | 日本サッカー協会理事に就任 | | |
| 1989年 | 6月 | 日本サッカー協会・プロリーグ準備検討委員会委員長に就任 | 9月 | 日本女子サッカーリーグ（現・なでしこリーグ）が開幕 |
| | | | 11月 | 日本サッカー協会がW杯開催に立候補 |
| 1990年 | 10月 | プロリーグ検討委員会委員長に就任 | 6月 | イタリアW杯 西ドイツが3度目の優勝 |
| 1991年 | 3月 | 日本サッカー協会強化委員長に就任 | | |
| | 3月 | プロリーグ設立準備室室長に就任 | | |
| | 11月 | 社団法人日本プロサッカーリーグ（Jリーグ）が設立され、初代チェアマンに就任 | | |
| | 11月 | 古河電工を退社 | | |
| 1992年 | | | 2月 | アルベールビル冬季五輪 スピードスケート女子1500mに出場した橋本聖子が、日本人女性として初めて冬季五輪でのメダル（銅）を獲得 |
| | | | 7月 | バルセロナ五輪 |
| 1993年 | 5月 | 15日、Jリーグ開幕戦で開会宣言を行う | 5月 | プロサッカーJリーグが10クラブで開幕 |
| | | | 10月 | サッカー日本代表がアメリカW杯アジア予選の最終戦に引き分け、出場権を逃す（ドーハの悲劇） |
| 1994年 | 5月 | 日本サッカー協会副会長に就任 | 2月 | 夏・冬五輪の交互開催のため、92年から2年後にリレハンメル冬季五輪 |
| | 6月 | W杯日本招致委員会実行副委員長に就任 | | |

| 年 | 月 | 出来事 | 月 | 出来事 |
| --- | --- | --- | --- | --- |
| | 10月 | 日本サッカー協会強化委員長を退任<br>スポーツ功労者に顕彰 | 6月 | アメリカW杯 ブラジルが4度目の優勝 |
| 1995年 | 2月 | 初孫が誕生 | 5月 | 野茂英雄、ドジャースで日本人2人目のメジャーリーガーに |
| 1996年 | 7月 | 2002年W杯開催準備委員会実行副委員長に就任 | 5月 | 2002年W杯が日韓共催に決定 |
| | 9月 | 2人目の孫が誕生 | 7月 | アトランタ五輪 サッカー男子五輪代表が初戦でブラジルを1−0で下す（マイアミの奇跡） |
| | | | 12月 | 三浦知良、ジェノアへ移籍。日本人初のセリエAへ |
| 1997年 | 12月 | 2002年W杯開催準備委員会が「2002年W杯日本組織委員会」に組織変更し、理事に就任 | 10月 | 加茂周監督解任、岡田武史監督に |
| | | | 11月 | サッカー日本代表が初のW杯出場権を獲得（ジョホールバルの歓喜） |
| 1998年 | | | 2月 | 長野冬季五輪 フリースタイルスキーで里谷多英が、日本人女性として初めて冬季五輪での金メダルを獲得 |
| | | | 6月 | フランスW杯 フランスが初優勝。日本代表は3敗でGL敗退 |
| | | | 7月 | 中田英寿、ペルージャへ移籍。9月のユベントスとの開幕戦で2点を奪う |
| 2000年 | 6月 | 2002年W杯日本組織委員会副会長に就任 | 9月 | シドニー五輪 サッカー男子五輪代表8強進出。女子マラソンに出場した高橋尚子が、陸上女子で初めて金メダルを獲得 |

| 年 | 月 | 出来事 | 月 | 出来事 |
|---|---|---|---|---|
| 2001年 | 9月 | 3人目の孫が誕生 | 11月 | マリナーズのイチローが日本人初のシーズンMVP |
| 2002年 | 7月 | Jリーグチェアマンを退任 | 2月 | ソルトレークシティ冬季五輪 |
| | 7月 | 日本サッカー協会会長（キャプテン）に就任 | 5月 | 日韓W杯 ブラジルが5度目の優勝。日本は2勝1分でGLを突破し、初の16強進出 |
| 2004年 | | | 8月 | アテネ五輪 この大会からサッカー女子日本代表の愛称がなでしこジャパンに。男女ともGL敗退。男子柔道60kg級に出場した野村忠宏が、柔道史上初の五輪3連覇を達成 |
| | | | 9月 | プロ野球史上初のストライキ |
| | | | 11月 | 田臥勇太がサンズで日本人初のNBA出場 |
| 2005年 | | AFCアワード第1回ダイヤモンド・オブ・アジア賞受賞 | | |
| 2006年 | | 国際サッカー連盟（FIFA）総会において、日本人として2人目のFIFA功労賞を受賞 | 2月 | トリノ冬季五輪 |
| | | | 3月 | 第1回ワールド・ベースボール・クラシック（WBC） 王貞治監督率いる日本代表が初優勝 |
| | | | 6月 | ドイツW杯 イタリアが4度目の優勝。日本は1分2敗でGL敗退 |
| 2008年 | 6月 | 日本サッカー協会キャプテン（会長）を退任し、名誉会長に就任 | 8月 | 北京五輪 競泳の北島康介が100m平泳ぎ、200m平泳ぎで日本人初の2種目連覇を達成 |
| | 9月 | 日本サッカー殿堂入り | | |

| | | | | |
|---|---|---|---|---|
| 2009年 | 11月 | 旭日重光章を受章 | 3月 | 第2回WBC 原辰徳監督率いる日本代表が2大会連続優勝 |
| | | | 11月 | ヤンキース松井秀喜、アジア人初のワールドシリーズMVP |
| 2010年 | 9月 | 日本サッカーミュージアム館長に就任 | 2月 | バンクーバー冬季五輪 |
| | | | 6月 | 南アフリカW杯 スペインが初優勝。日本代表は2勝1敗でGLを突破し、ベスト16 |
| 2011年 | 5月 | 日本将棋連盟非常勤理事に就任 | 3月 | 東日本大震災が発生し、Jリーグやプロ野球などが中断 |
| | 6月 | 東京都教育委員に就任 | 6月 | ドイツ女子W杯でなでしこジャパン初優勝 |
| 2012年 | 4月 | JFAアカデミー堺スクールマスターに就任 | 1月 | 澤穂希が日本人として初めてFIFA最優秀選手賞を受賞 |
| | 6月 | 日本サッカー協会名誉会長を退任し、最高顧問に就任 | 7月 | ロンドン五輪 サッカー男子五輪代表4位、なでしこジャパン銀メダル |
| | 11月 | 東京都教育委員を退任し、東京都知事選に出馬する猪瀬直樹選挙事務所の選対本部長に就任 | 9月 | 日本でU-20女子W杯（ヤングなでしこ3位） |
| 2013年 | 4月 | 首都大学東京理事長に就任 | 3月 | 第3回WBC 日本代表は3位 |
| 2014年 | | | 2月 | ソチ冬季五輪 スキージャンプの葛西紀明が冬季五輪同競技最年長メダリスト（銀）に |
| | | | 6月 | ブラジルW杯 ドイツが4回目の優勝。日本は1分2敗でGL敗退 |

| | | | | |
|---|---|---|---|---|
| **2015年** | 1月 | 日本バスケットボール協会改革のための「JAPAN 2024 TASKFORCE」共同チェアマンに就任 | 7月 | カナダ女子W杯でなでしこジャパン準優勝 |
| | 4月 | ジャパン・プロフェッショナル・バスケットボールリーグ（Bリーグ）理事長に就任 | | |
| | 5月 | 日本バスケットボール協会会長に就任 | | |
| | | 日本トップリーグ連携機構会長に就任 | | |
| | 10月 | 文化功労者に顕彰 | | |
| **2016年** | 6月 | 日本バスケットボール協会会長を退任し、エグゼクティブアドバイザーに就任 | 8月 | リオデジャネイロ五輪 レスリングの伊調馨が女子個人競技では史上初の五輪4連覇を達成 |
| | | | 9月 | プロバスケットのBリーグが開幕。栃木ブレックス（現・宇都宮ブレックス）が初代王者に |
| **2017年** | | | 3月 | 第4回WBC 日本代表は3位 |
| **2018年** | 3月 | 日本サッカー協会最高顧問を退任し、相談役に就任 | 2月 | 平昌冬季五輪 男子フィギュアスケートに出場した羽生結弦が、冬季五輪では日本人初の連覇（個人競技）を達成。葛西は史上最多8度目の出場 |
| | | | 4月 | ハリルホジッチ監督解任、西野朗監督に |
| | | | 6月 | ロシアW杯 フランスが2度目の優勝。日本は1勝1分1敗でGLを突破し、ベスト16（ロストフの14秒） |
| | 7月 | Mリーグ（競技麻雀プロリーグ）機構最高顧問に就任 | 7月 | 森保一が日本代表監督に就任 |
| **2019年** | 3月 | 大学スポーツ協会顧問に就任 | 9月 | 日本でラグビーW杯 日本代表初の8強 |

| | | | | |
|---|---|---|---|---|
| | 3月 | Entertainment Committee for STADIUM・ARENA（ECSA／エクサ）代表に就任 | | |
| | 12月 | 東京オリンピック・パラリンピック選手村村長に就任 | 12月 | 国立競技場（東京）が完成 |
| 2020年 | | | 3月 | 新型コロナウイルス感染拡大を受け、五輪史上初の延期。東京五輪は21年に延期。国内スポーツも停止 |
| 2021年 | | | 3月 | 三浦知良がJ1での最年長出場記録を更新（54歳0カ月12日） |
| | | | 7月 | 東京五輪 日本は史上最多58個のメダル（金メダル27個）を獲得 |
| | | | 11月 | エンゼルスの大谷翔平が日本人2人目のシーズンMVP |
| 2022年 | 3月 | ジャパンサイクルリーグ名誉顧問に就任 | 1月 | プロラグビーのリーグワンが開幕 |
| | 10月 | 初ひ孫が誕生 | 2月 | 北京冬季五輪 スノーボード平野歩夢が夏冬両五輪出場。金メダル獲得 |
| | | | 11月 | カタールW杯 アルゼンチンが3度目の優勝。日本は2勝1敗でGLを突破し、2大会連続でベスト16 |
| 2023年 | | | 3月 | 第5回WBC 栗山英樹監督率いる日本代表が3度目の優勝 |
| | | | 5月 | Jリーグが30周年を迎える |

PROFILE

# 川淵三郎

かわぶち・さぶろう

1936年12月3日生まれ、大阪府泉北郡高石町出身。大阪府立三国丘高校でサッカーを始め、早稲田大学、古河電工でプレー。日本代表として64年の東京五輪に出場し、ゴールを決めるなど活躍した。70年に現役を退き、72年に古河電工サッカー部の監督に就任。80年には日本代表監督代行を務めた。88年にJSL総務主事、日本サッカー協会理事を歴任。91年にＪリーグを設立し、初代チェアマンに就任した。2002年にチェアマンを退任し、日本サッカー協会会長（キャプテン）に就任。08年から名誉会長を務め、12年には最高顧問。08年に日本サッカー殿堂入り、09年に旭日重光章を受章。13年には首都大学東京の理事長に就任。15年に「JAPAN 2024 TASKFORCE」の共同チェアマンとなり、Ｂリーグを設立。その後、日本バスケットボール協会会長に。18年に日本サッカー協会最高顧問を退任し、相談役に。東京2020オリンピック・パラリンピックでは選手村の村長も務めた。現在は日本トップリーグ連携機構会長。趣味のゴルフでのベストスコアは72、エージシュート40回。家族は康子夫人、２女、孫3人に22年にはひ孫も誕生。Twitterアカウント @jtl_President。

# キャプテン!

## 日本《にほん》のスポーツ界《かい》を変《か》えた男《おとこ》の全仕事《ぜんしごと》

2023年6月30日　第1版第1刷発行

著者　川淵三郎《かわぶちさぶろう》
発行人　池田哲雄
発行所　株式会社ベースボール・マガジン社
〒103-8482
東京都中央区日本橋浜町2-61-9　TIE浜町ビル
電話　03-5643-3930（販売部）
03-5643-3885（出版部）
振替口座　00180-6-46620
https://www.bbm-japan.com/

印刷・製本　共同印刷株式会社

ISBN 978-4-583-11619-8 C0075